地域コングロマリット経営

新規事業を立ち上げ第二本業へと育てる

船井総合研究所

同文舘出版

はじめに

製造業と飲食事業、不動産事業とＩＴ事業、自動車販売業と観光事業……。

こうした一見、関係が薄いような複数の事業を併せ持つ企業を、人はコングロマリットと呼ぶ。その取り合わせはさまざまで、はたからは各事業がどのように関係しているのかはわかりづらい。ただ、強い。

ときに、特定の地域においてコングロマリット化してきた企業がある。ホールディングス化していくつもの子会社を持つ。あるいはＭ＆Ａを積極的に展開。地域の老舗企業を事業承継したり、スポーツチームのスポンサーとなったり。八面六臂の活躍を見せている。

本書はこのような特定の地域で複数の事業体を持つ経営のことを、「地域コングロマリット経営」と名づけた。

地域が弱体化し始めているいま、この地域コングロマリット経営が地方創生の鍵となり始めている。

人口減少に伴う労働力人口の減少やマーケットの縮小は、多くの企業にとって強い逆風となっている。とりわけ地域においては、大都市への人材の流出もあいまって一層苦しい。求人広告を出しても人材は集まらず、商圏人口が減り続ける中で成長が難しくなっている。事業が継続できなくなると地域から貴重な商品・サービスが消滅することもあり得る。現実問題として、多くの地域で見られるシャッター通りなど、地域の生活インフラの衰退は著しい。

地域コングロマリット経営は、こうした経営環境の逆風にあっても継続的な成長を見込める戦略であり、同時に地域活性化など社会課題の解決にも貢献する。

特定の地域で事業を展開することによる効率化、いくつもの事業を推し進めることによる成長力とシナジーの創出、時流に応じた柔軟な戦略変更など、地域コングロマリット経営の強みはさまざまだ。

本書は地域コングロマリット経営について、実践的な知識と考え方を説明していく。特に船井総合研究所が独自に考察して見出した、戦略類型や経営判断へのヒントなど、実践的な内容を記すべく心掛けた。

全7章構成で、まず第1章では日本の企業がどのような課題に直面しているのかを共有する。続く第2章ではそれらの課題を踏まえ、企業が成長していくことの重要性を明らかにする。そして第3章で地域コングロマリット経営という戦略の全体像を詳しく述べる。地域コングロマリット経営とは新規事業に次々と参入し、成長させていく戦略である。そこで新規事業参入の考え方を述べるのが第4章だ。第5章からはさらに実践的に地域コングロマリット経営の戦略類型や事例を説明する。そこから自社に合う戦略が見つかることだろう。一方で、地域コングロマリット経営は事業を増やしていく力もさることながら、調達力も重要となる。そのため資金、経営人材などの調達、ホールディングス化などの組織構造の考え方を説明するのが第6章だ。最後に第7章では地域コングロマリット経営の影響力について述べる。

なぜ、地域コングロマリット経営は強いのか。

そして、どのように地域コングロマリット経営を進めていくべきか。

本書により、多くの企業と経営者が地域コングロマリット経営を実践し、成長していかれることを願ってやまない。

著者

新規事業を立ち上げ第二本業へと育てる　地域コングロマリット経営　目次

もくじ

第3章　地域コングロマリット経営による中堅企業化

第4章　新規事業を第二本業化する

第5章　地域コングロマリット経営の戦略モデル

第6章　リーダーに求められる3つの判断

第7章　日本の未来を担う地域コングロマリット企業

カバーデザイン　二ノ宮匡（ニクスインク）／本文デザイン・DTP　RUHIA

第1章

中小企業に押し寄せる波状攻撃

Regional Conglomerate Management

日本を取り巻く人口構造の変化

戦後以来の環境変化

日本は今、大きな風向きの変化を迎えた。

総人口がピークの1億2808万人となったのは2008年のこと。以来、人口は減り続けている。2022年10月の人口は1億2495万人。これは前年比マイナス0・44％、56万人の減少であり、たった1年で鳥取県1県分の人口が減った計算になる。

国立社会保障・人口問題研究所の推計によれば、70年には8700万人にまで減るとされている。もちろん、あくまで推計に過ぎない。これについて、同所は出生中位（死亡中位）・高位・低位の3つのシナリオを描いた。先の数字は中位のものである。

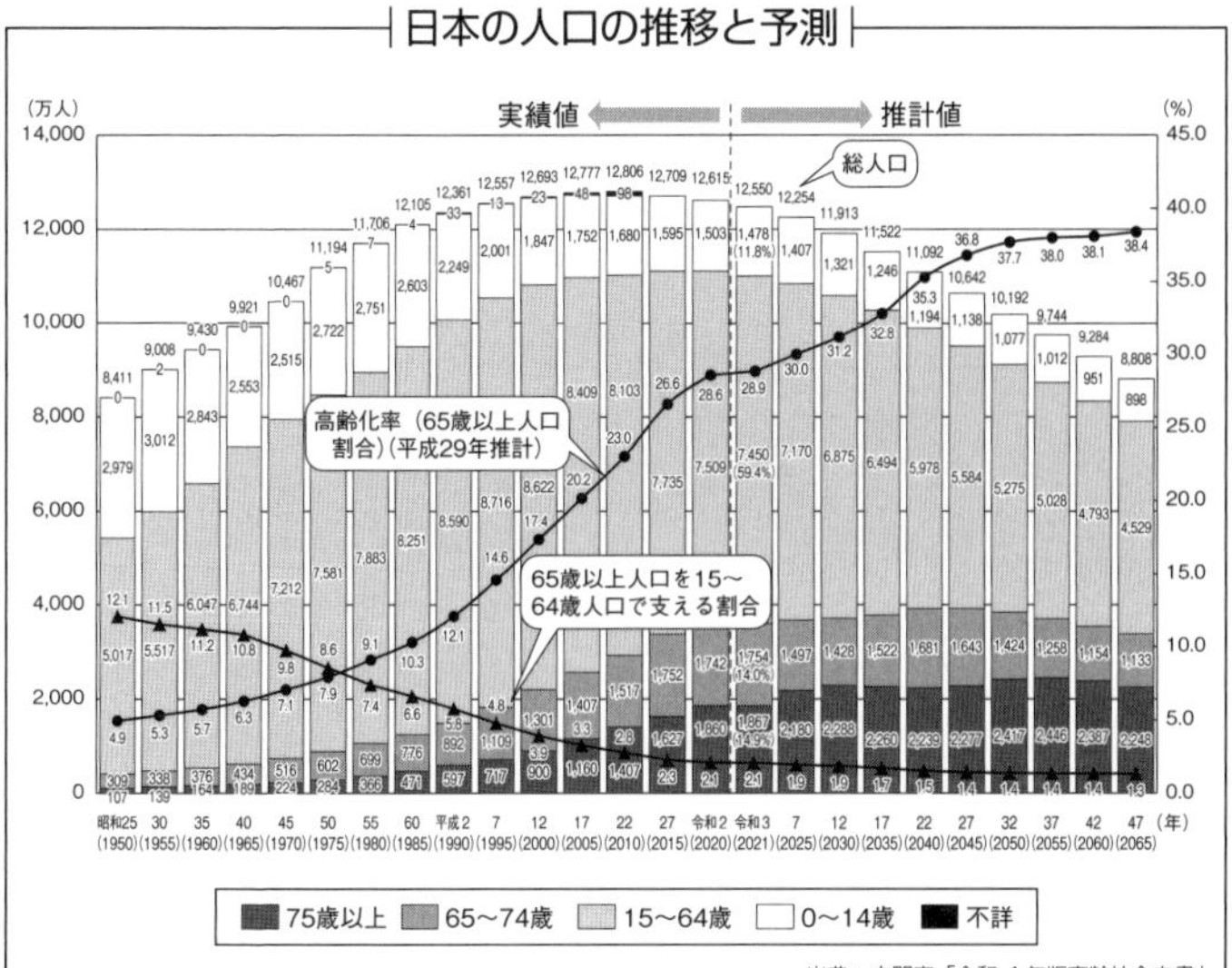

出典：内閣府「令和４年版高齢社会白書」

　では残りの２つはどうかと言えば、低位では８０２４万人であり、高位では９５４９万人となっている。高位でも１億人を切っている。つまり、いずれの場合でも大幅な人口減少は避けられないと見ているのだ。

　もう少し長い時間軸で見てみよう。１９４５年の終戦時には、日本の人口は７１９９万人だった。そこから人口は急増した。日本経済は急成長を遂げ、人口もまた歩みを同じく増加してきた。「鶏が先か卵が先か」という議論はあるが、経済成長と人口増加は相互に影響し合ってきたことは間違いない。

予測された数値の意味するものは、こうして急増した人口が、ほぼ同じ時間をかけて同じように減っていくということ。それもこれからの話ではない。もう減り出していることは周知の事実である。

そもそも明治維新からずっと人口は増加傾向にあり、第二次大戦以後、特に加速していた人口増加がそのまま2008年まで続いたとも言える。ほぼ140年続いてきた人口急増が、一転して急減している今、日本経済への影響が小さいはずがない。

本書は、中小企業の経営層・経営幹部を主な読者に想定している。その点で、このようなわりと大きな視野の話には興味がない読者もいるかもしれない。

しかし、人口が減るということは顧客が減るということ。顧客が減るということは、これまでのやり方のままでは売上が先細りしていくということだ。

人口減少は当然、経営環境に影響を及ぼす。そして何より、今私たちが直面している人口減少は、これまでの環境変化とは異なる。知って損はないどころか知らないと大やけどを負いかねない。まずは大きな視野の話から共有していきたいと思う。

少子高齢化は構造的に不可避

人口減少の背景には少子高齢化がある。

２０２２年に生まれた子どもは、１８９９年の統計開始以来、もっとも少ない77・7万人だった。合計特殊出生率は１・26と、過去最低だった05年と並ぶ。

日本では１９９７年に子ども（0～14歳）の数が高齢者人口（65歳以上人口）よりも少なくなり、少子化となった。政府もこれを課題として対策を講じてきた。日本が政策の手本としてきたのは、北欧諸国やフランスといった少子化対策に成功した国々であったが、そのひとつのフィンランドでは、少子化対策に失敗していると考えざるを得ない事態が進展している。実際、フィンランドは子育て支援について対ＧＤＰ比で約４％の予算をとり、出生率は１・７を超えていた。これは日本の約2倍の予算となる。しかし出生率１・７を超えていたのは２０１４年までのこと。20年は１・37と落ち込んだ。おわかりのとおりで、これは日本の21年の数値とさほど変わらない。出生率の落ち込みは、フィンランドほど極端ではないが、フィンランド同様に少子化対策の先進国であったは

高齢者人口および割合の推移（1950～2040年）

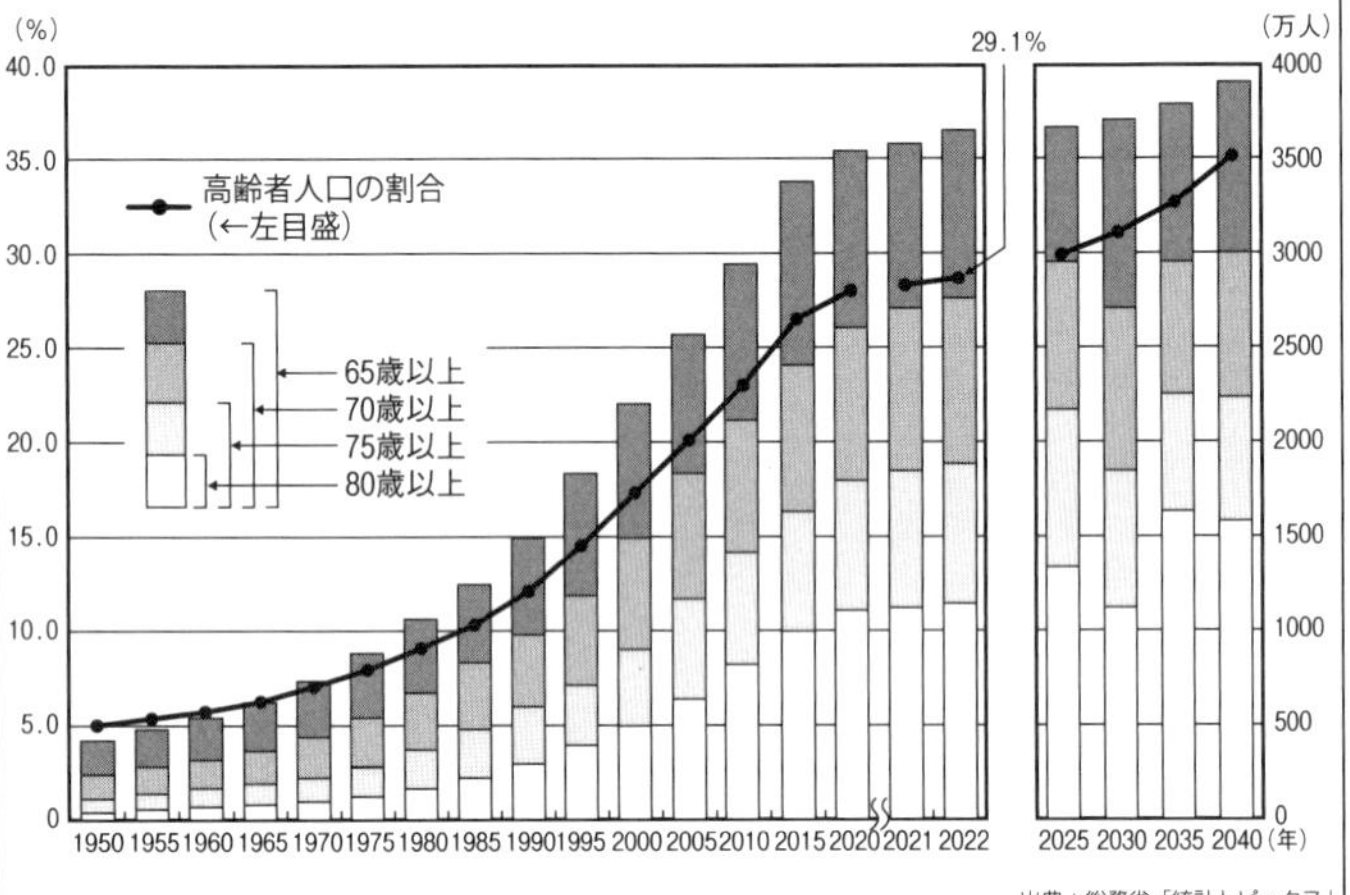

出典：総務省「統計トピックス」

ずのフランスやスウェーデンでも見られる。このデータは、少子化とは政策によって効果が出にくい分野であることを私たちに教えてくれていると思う。

　また、そもそも出生率を上げることが必ずや人口増につながるとは限らない。出生率を上げることの重要性に異議を唱えるものではないが、1人あたりが子どもを生む数を増やしたとしても、やはりそもそもの子どもを産むことのできる層の人口が減少しているため、限りはあるだろう。

　次に、もう一方の高齢化についても見てみよう。

日本の人口ピラミッド（2022年10月1日現在）

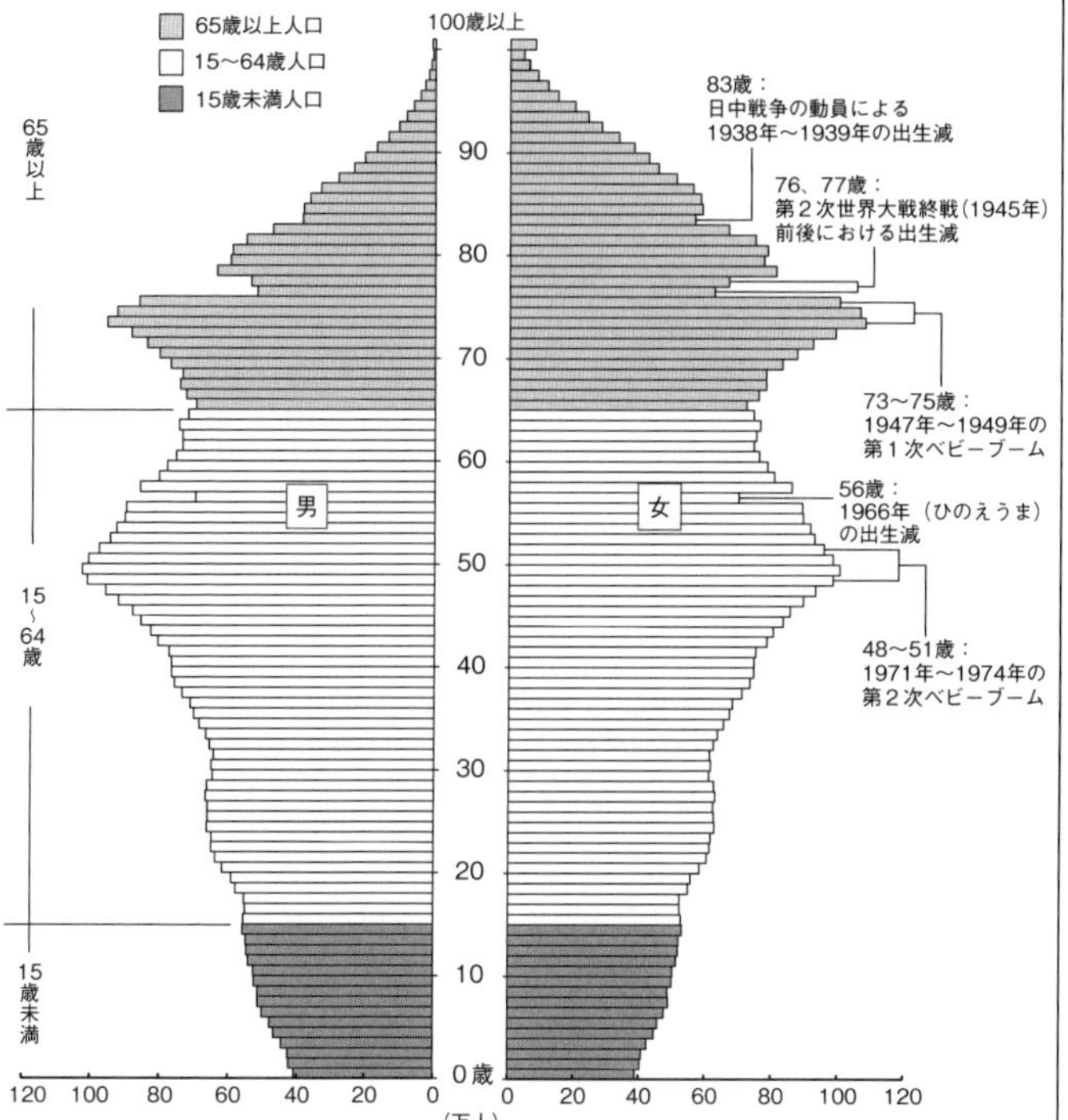

出典：総務省「人口統計」

日本では1994年に高齢化率が14％を超え高齢社会へと突入した。2007年には21％を超え、超高齢社会となっている。直近の22年は29・1％とさらに進んでいる。年齢による人口ピラミッドは、いわゆるつぼ型になっており、今後も高齢化は進むと考えられる。先の推計の中位の数値によれば、70年には38・7％まで上がると言われている。

このように少子高齢化は構造的に不可避であり、経営においてもこれを想定しながら判断していく必要があるだろう。

世帯数も減少していく時代に

さて、少子高齢化の流れを見て、こうは思わなかっただろうか。

「そうは言っても少子高齢化は昔から課題とされてきた。ここにきて急に課題になったわけではない」と。

つまり、ざっくばらんに言えば、「大げさではないか」という疑問である。実際、少子化になったのが97年、高齢社会となったのが94年と述べた。しかし高齢化で言えば、「高齢化社会」とは高齢化率が7％を超えたことを指し、実は日本では70年にはすでに高齢化社会となっている。70年は高度経済成長期の真っただ中だ。これを考えれば、高齢化が経営環境を悪化させる要因だとは思えないかもしれない。当時を経験してきたベテランの経営者であればあるほど、少子高齢化は経営環境にさほど大きな影響を与えないと捉えていても不思議ではない。

しかし、ここにはひとつの落とし穴があると考える。それは**少子高齢化にあっても、当時は世帯数は増えていた**ということだ。世帯数は消費にとって無視できない。少し考えてみれば、世帯が消費行動のひとつの単位になることはわかると思う。例えば家や車といった大きなものから、冷蔵庫の中の食品まで。世帯単位で購入することが多かったはずだ。

そして、実は今も世帯数の増加は続いている。人口減少にあって、世帯の在り様が変化しているからだ。夫婦と子どもから成る世帯は年々減っており、一方で単独世帯が増えている。そのため世帯数の増加は続いており、これが消費を支えていたと考えられる。

ところが、だ。このピークはじきに終わりを迎える。「日本の世帯数の将来推計（全国推計）」（２０１８年推計）によれば、25年には減少に転じるとの推計が出ている。

さらに世帯の中身を見てみると、世帯主が60歳未満の世帯は20年から40年のあいだに軒並み減少すると見られている。特に40代、50代の減少幅は大きい。**働き盛りの年齢層の世帯が減るということは、それだけ消費にも影響してくるということだ。**

世帯数の減少は間近に迫った。企業はこれまでのやり方を続けられるのだろうか。

一般世帯の家族類型別割合の推移

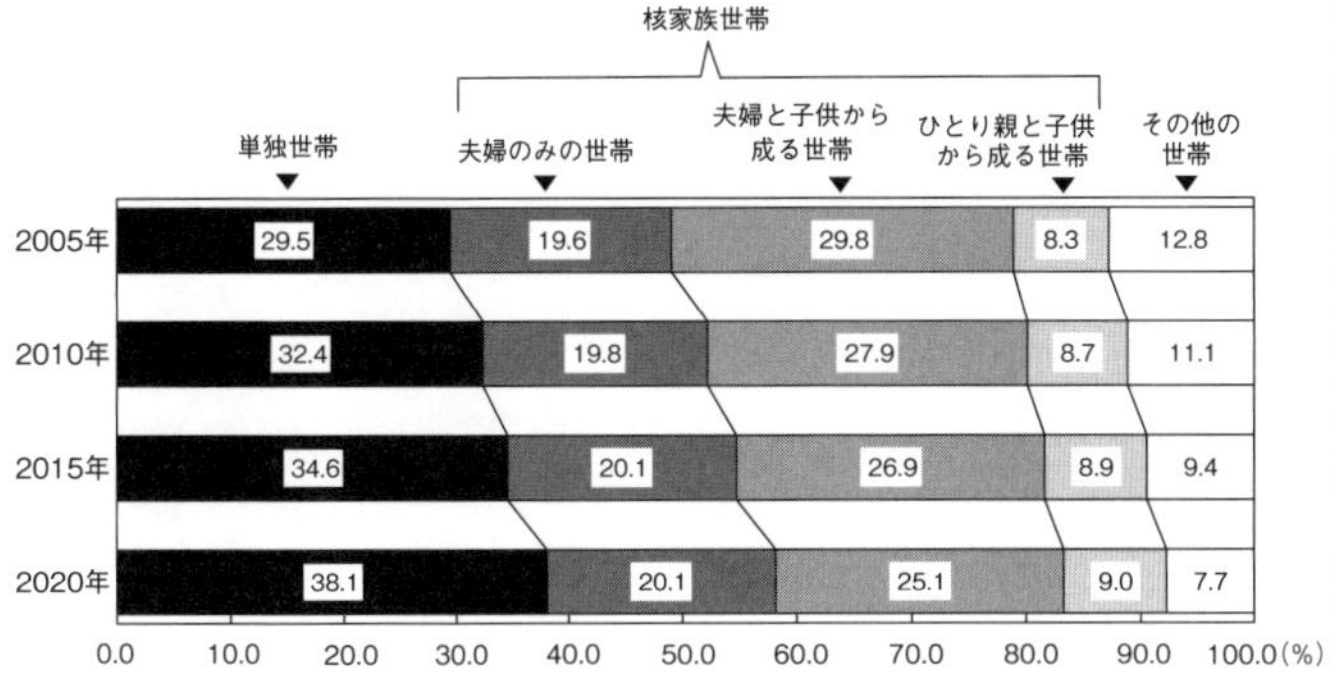

注）2005年の数値は，2010年以降の家族類型の定義に合わせて組み替えて集計している。

出典：総務省「令和２年国勢調査」

世帯数の将来推計

世帯主の年齢	2015年	2020年	2025年	2030年	2035年	2040年
～20代	4,794	4,648 (97%)	4,547 (98%)	4,274 (94%)	4,031 (94%)	3,788 (94%)
30代	6,968	6,324 (91%)	5,852 (93%)	5,733 (98%)	5,600 (98%)	5,267 (94%)
40代	9,165	9,186 (100%)	8,090 (88%)	7,210 (89%)	6,644 (92%)	6,533 (98%)
50代	8,421	9,072 (108%)	10,098 (111%)	10,076 (100%)	8,852 (88%)	7,906 (89%)
60代	10,484	9,008 (86%)	8,702 (97%)	9,398 (108%)	10,508 (112%)	10,389 (99%)
70代	8,432	9,765 (116%)	9,729 (100%)	8,374 (86%)	8,113 (97%)	8,768 (108%)
80代以上	5,068	6,104 (120%)	7,098 (116%)	8,418 (119%)	8,568 (102%)	8,105 (95%)
総数	53,332	54,107 (101%)	54,116 (100%)	53,484 (99%)	52,315 (98%)	50,757 (97%)

※カッコ内は5年前の世帯数を100%としたときの比率。
世帯数は端数処理の関係で合計が一致しないことがある
出典：国立人口問題研究所

社会課題とトレンドの変容

デジタル化の進展で高齢者も全世界とつながる

人口構造の変化について、これまでとの違いを紹介してきた。知っていたようで意外とよくわかっていなかったリスクについて、おわかりいただけただろうか。

一方で経営環境に変化を及ぼす要因として、比較的に把握しやすくわかりやすいのが、社会課題やトレンドの変容ではないだろうか。こうしたものはニュースなどで取り上げられやすく、目にする機会も多いからだ。

コロナショックやウッドショック、あるいはロシアとウクライナの戦禍など。今も世界の至るところで思いもよらない課題が持ち上がり、日本においても影響を受けている企業は決して少なくはない。

　これはグローバルなサプライチェーンを築いているような大企業だけの話ではない。社会課題は多岐にわたり、次から次へと起こり得る。その一つひとつを挙げていけば、それだけで本書は終わってしまう。個別の業種業態におけるトレンドについては専門書に譲り、本書では多くの中小企業にとって共通していると思われる社会課題とトレンドの変容をかいつまんで示してみたい。

　まず、そもそも「ニュースなどで目にする機会が多い」と述べたが、その情報網や伝達速度はますます高まっている。その一因がデジタル化の進展に他ならない。

　デジタル化の進展はビジネスや暮らしを変えた。多くの人が言うとおり、ここにはいい面と、そうとも限らない面がある。後者について、特に中小企業がおさえておきたいのは、デジタル化の進展で高齢者も全世界とつながる時代になったことだ。

　スマートフォンやタブレットの利用状況について、２０２０年に内閣府が調査を行なっている。これによれば「よく利用している」「ときどき利用している」という回答は77・8％だった。18〜29歳が98・7％とほとんどなのは想像のとおりだが、一方で60〜69歳も73・4％だった。決して低くない割合だ。

今後、利用率の高い若年層の年齢が上がっても、そのまま利用することを想像すると、高齢層の利用率はさらに高まることだろう。

デジタルの利便性はＡＩ技術によっても高まる。ＡＩの分野は日進月歩の進化を遂げており、先行きが読みづらい。ただ現時点では、これによってデジタル弱者が減ることが考えられる。日常的な話し言葉で情報検索ができたり、プログラミングの知識がなくても「やりたいこと」を指示するだけでプログラミングを書いてくれるなど、多くの場面で活用ができる。

つまり、これまではある程度必要な情報にたどり着くのに一定のスキルが必要であった（例えば、適切なキーワードを打ち込む、サイトごとの大まかな特徴を理解している等）が、今後はそうしたことを熟知したＡＩと、まるで友人と話すように対話をしながら、今まで以上に誰でも広大なネット空間から欲しい情報にアクセスできるようになると考えられる。

では、これがなぜ中小企業にとって好機とばかりは言えないのか。

単純に言えば、どんな企業も商品も他と比較されるからだ。多くの消費者はインターネットから、よりよい商品・サービスを見つけ、購入しやすくなる。よりよい商品・サー

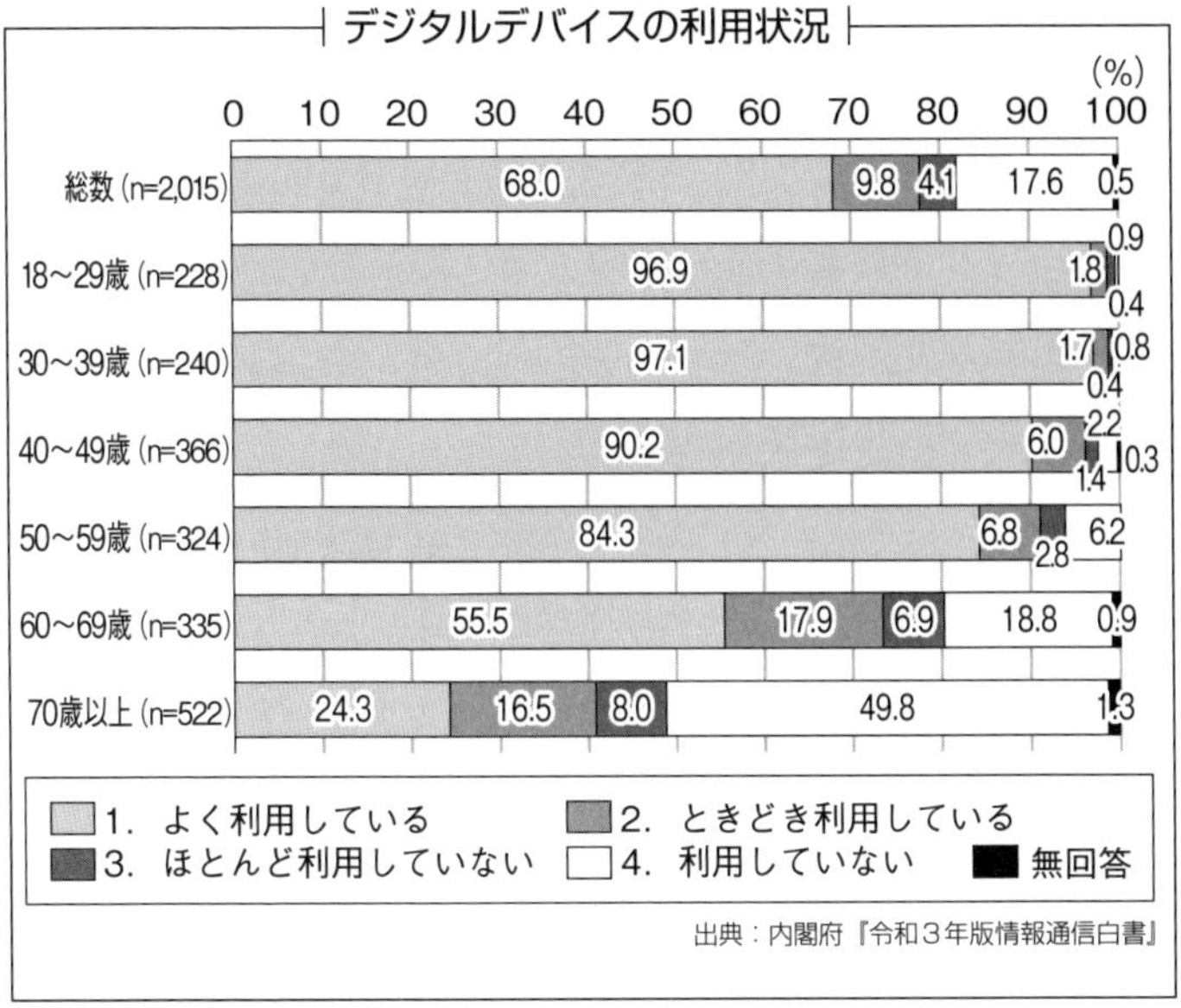

出典：内閣府『令和３年版情報通信白書』

ビスが生き残っていくというのは、当然の話である。

したがって、これまで比較的デジタルに疎い層、誤解を恐れずにいえば「デジタル弱者」と呼ばれるような人を対象としていたり、地域だけに閉じたビジネスを行なっていたりする企業には苦しい闘いが待っている。既存のビジネスモデルに限界を感じても、何ら不思議ではない。

グリーン推進という新たなテーマ

次に挙げたいのが、グリーン推進である。カーボン・ニュートラルや再生可能エネルギーの推進など、自然環境への配慮が求められている。高度経済成長期の公害対策など、過去にも環境問題への対策は重要視されていたが、どちらかと言えば破壊してしまった自然環境を元通りにするといった捉え方だったように思う。現在のグリーン推進はもう少し広く、未来的だ。ＳＤＧｓやＥＳＧ（Environment：環境、Social：社会、Governance：企業統治）など、今まで以上に関心が高まっており、多くのステークホルダーから、その課題との向き合い方も含めて、経営のあり方が問われている。

２０２０年、菅義偉首相（当時）はＧ20サミットにて50年までに温室効果ガスの排出を実質ゼロにする「２０５０年カーボン・ニュートラル」を国際公約とした。これに伴い同年、政府は「グリーン成長戦略」を策定。成長が期待される14分野を挙げた。さらに具体的な支援を実施している。中小企業にとって身近な支援から例を挙げれば、政府は事業再構築補助金の中に「グリーン成長枠」を設けている。

グリーン成長戦略における成長が期待される14分野

出典：経済産業省「2050年カーボンニュートラルに伴うグリーン成長戦略」

例えば、自然環境が身近な1次産業に目を向けてみよう。秋の味覚だったサンマは、この10年ほどで平均単価が3・6倍になった。この一因と考えられているのが、地球温暖化による海水温の上昇だ。他にも、気候変動によって野菜や果物の産地が変わる例はあり、経営に影響を及ぼさないわけがない。ただし、これは何も一次産業に限った話ではない。金融機関の融資など、企業を取り巻く環境全般から、じわじわと「グリーンである」企業により有利な環境に、そうでない企業により不利な環境へと変化していくことが想定される。

企業でも投資や融資においてのグリーン推進は、もはや必須のテーマと言っても過言ではないのだ。

融資のポイントは事業内容に

これら社会課題への関わり方について、今後は金融機関からも見られていくことが予想される。

これまでの金融機関は「担保をとって融資をする」という姿勢が多かった。当然の考え方ではあるが、企業にとってみれば厳しく感じたケースもあっただろう。「銀行は晴れの日に傘を貸し、雨の日には傘を取り上げる」とは昔から言う話だ。

ところが、それが徐々に金融機関の本分とも言える、成長する企業に対してリスクをとって融資をするという方向性に変わってきている。

東京都品川区に本店を置く城南信用金庫は、そのような金融機関のひとつだ。「〝地域を支える〟組織金融としての矜持」のもとに、職員自らが「お客様のため」を考え、行動。顧客からは「お金を貸すだけのドライな関係性ではなく、事業をしっかり見て、本業に結びつく一歩踏み込んだ支援をしてくれる」との声もあがる。預金残高は直近10期連続で増加するなど、地域からの評価は高い。

城南信用金庫は地元を支えるだけでなく、日本全国の信用金庫をネットワークでつなぐ中心的役割も担い、全国の信用金庫の取引先企業が参加するビジネスマッチングウェブサイト「よい仕事おこしネットワーク」を運営するなど、金融と企業の連携創出にも一役買っている。

翻せば、企業にとっても融資とは担保を差し入れればいいというドライな関係性ではいられないということだろう。経営者保証についても改革が進み、経営者の個人保証なしでも融資が受けられる動きが広がっている。経営者が企業経営に専念できるように変わってきているのだ。企業としてはこれを前向きに捉えたい一方で、その分だけ、金融機関が今後さらに経営や事業内容について関心を寄せるようになることは心しておかなければならない。

経営力による格差が広がる時代へ

人口構造、さらに社会課題やトレンドなど、経営環境の変化は実に目まぐるしい。想定外の事柄に対して、いかに早く的確に対応できるかが、今まで以上に求められるだろう。

何より、既存事業で成長し続けることは非常に難しい。これまではいわゆる人口ボーナスがあった。しかし現状、人口は減り続け、さらに人口構造が変わっていく。社会のグローバル化によりチャンスは増えたが、リスクも増えた。何事も対岸の火事としては見ていられなくなっている。

政策による後押しなどもあり、すべて自助努力により乗り越えなくても済むかもしれないが、そうは言っても無策でいるわけにはいかない。

衰退していく企業には働き手も集まってこない。成長していく企業に人が集まるのは自明の理であり、人口減少時代であるからこそ、採用は重要課題のひとつでもある。

想定外のことは起こる。そこにいかに対応していくかは経営の力であり、であればこそ、経営力の差によって企業格差がますます広がる時代になっているのだ。

都心と地域との格差

東京一極集中

ここまで、マクロな環境変化が企業格差につながるという話をしてきた。加えて、国内に目を向ければ都心と地域との格差を無視することはできない。

特に、東京と他の道府県との格差は大きい。

冒頭で、22年には日本の総人口がマイナス0・44%となったことを述べた。しかし、ほとんどの地域にとって、この数値はまだまだ甘い。総務省「人口推計（2022年）」は、地域のさらにシビアな現実を示している。マイナス0・44%を下回る道府県が36ある。もっとも低い秋田県に至ってはマイナス1・59%だ。東京は21年は減少だったが、22年

都道府県別人口増減率

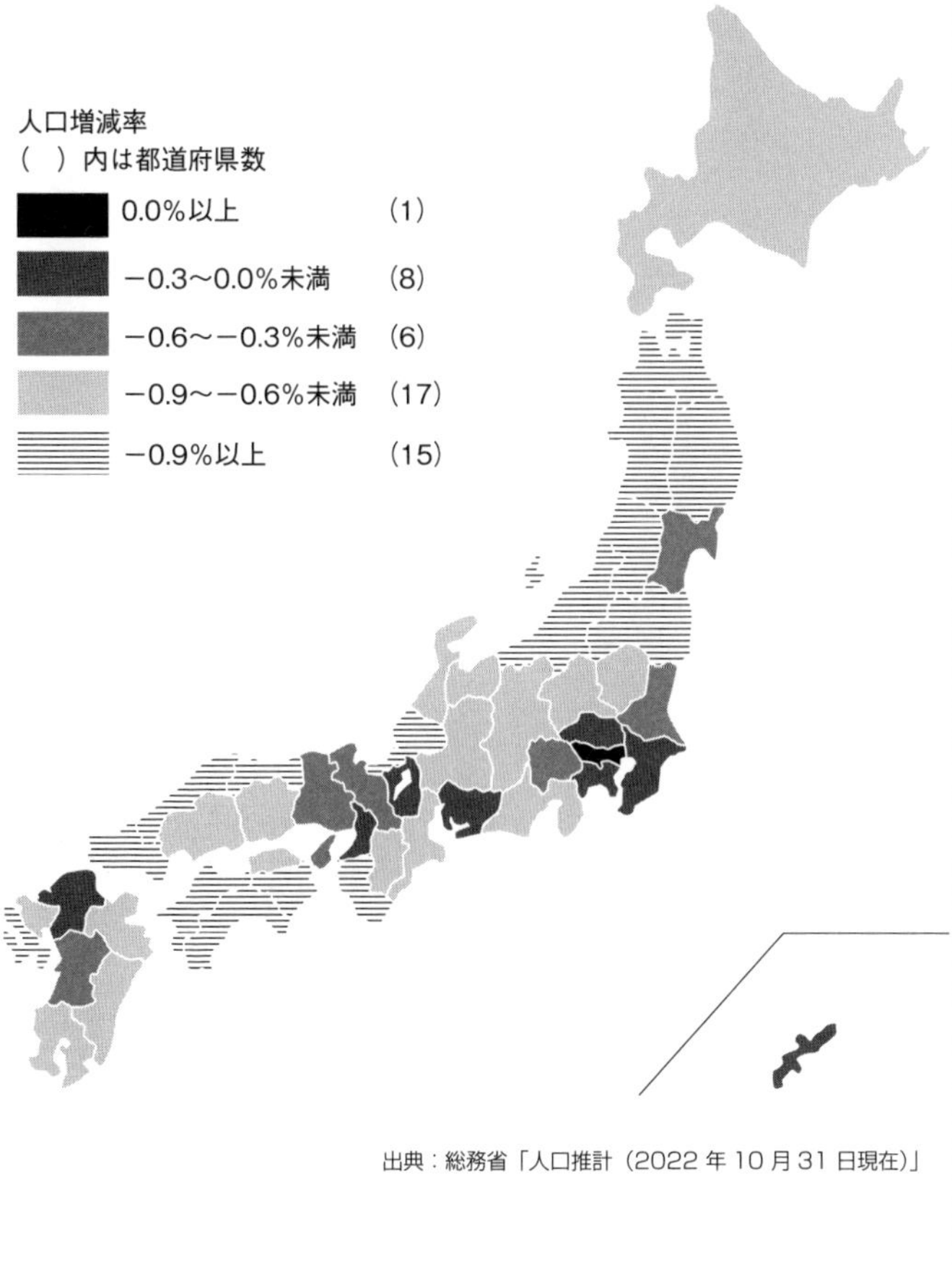

出典：総務省「人口推計（2022年10月31日現在）」

は増加に転じ、47都道府県で唯一の増加となった。

企業数についても見てみよう。

中小企業庁によれば、2016年の企業数（民営、非1次産業）は、359万社だが、そのうち東京に11・6％がある。さらに大企業に限れば41・1％が東京に固まっている。2位の大阪がそれぞれ7・6％、9・5％。この2都府でかなり大きな比率を占めていることがわかるだろう。

そもそも政府機関も東京に多くが集中している状況だ。そこで省庁移転が議論となり、23年5月には、文化庁が京都府へと移転することになった。しかし他に名前が聞かれた消費者庁、特許庁、中小企業庁などの移転は見送りとなった。文化庁についても一部機能は東京に残されている。

以下、主に雇用という面から、都心と地域との格差を掘り下げて見ていこう。

地域は求人の厳しさが加速

23年4月現在の有効求人倍率（季節調整値）は1・32となっている。

19年12月までは1・57まで右肩上がりを続けていたが、コロナショックにより20年9月には1・03まで下がった。それが回復の兆しを見せているのだ。

しかし、だからと言って、それが明るい話題とも言い切れない。有効求人倍率が上がり続けるということは、企業にとっては人を採用しづらくなることを意味するからだ。特に地域にとって厳しさが増していくことは間違いない。

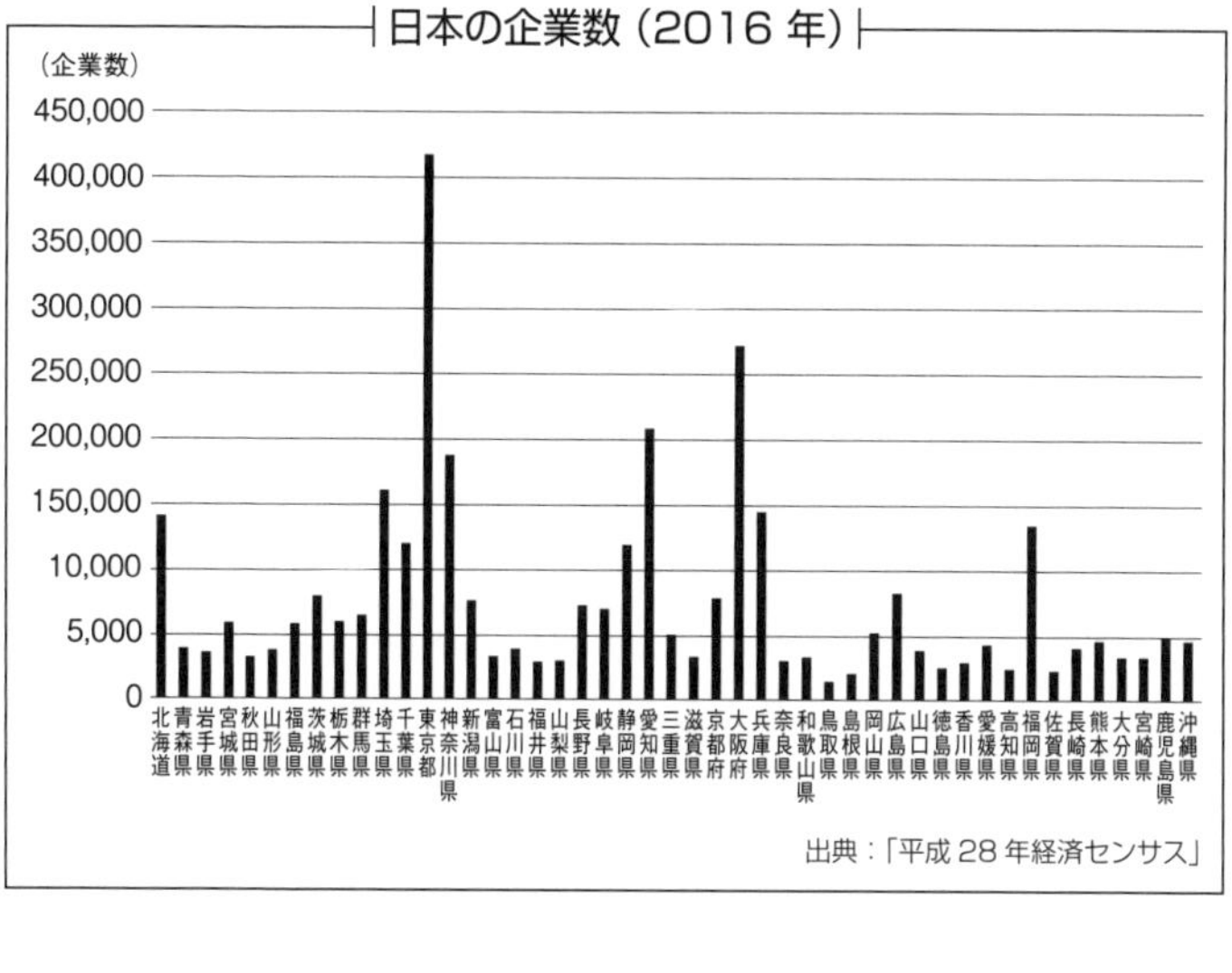

要因のひとつはリモートワークが浸透したことだ。オンラインでのコミュニケーション・ツールや、クラウドを利用した各種システムなど、オフィスに出社せずとも働ける環境を整えやすくなった。コロナ禍においては特に注目され、これらを採り入れた企業が多かった。コロナ禍が落ち着いてくるにしたがって、リモートワークを取り止めた企業も少なくはないが、そのまま運用している企業もある。もちろんコロナ禍以前からリモートワークの企業もある。

リモートワークは地域間の壁を取り払った。

これは、採用について見れば、特に地域の企業にとって不利な状況を生んだとも言えるだろう。地域に住みながら都心の企業で働けるようになったため、結果的に地域から人材が流出することにもつながっている。ましてや人口減少時代。ただでさえ人材が少ないだけに致命的でもある。

リモートワークが浸透していく昨今、企業にとって、ライバルは地域内にいる企業だけを指さない。企業数が少ない地域だからと言って、採用ができるわけではない。

海外企業とも雇用の奪い合いに

ライバルは国内企業だけに限らない。

熊本県には、台湾の半導体メーカーであるTSMCが進出することとなった。24年の稼働に向けて、工場が建設されている。そして同時に、他の半導体関連の企業も県内に進出してきている。その数は前年度の3倍にあたる22件に上ると言う。

これに伴い、県内では人材の奪い合いが起こっている。

県内の「半導体チップ製造工など」の有効求人倍率を見ると、21年度は3・33までポイントを上げた。コロナ禍で下がった20年度の0・56から大きく伸びている。コロナ禍以前の19年度は0・98であり、TSMCが進出してきた影響の大きさがうかがえる。

他県でも同じような話はある。今後は広島県にアメリカの半導体メーカー、マイクロンテクノロジー、神奈川県には韓国のサムスン電子の次世代半導体の研究開発拠点が新設される予定だ。

この背景には、経済産業省が累計2兆円の予算を確保して積極的に海外企業に働きかけた経緯がある。

また世界的に見たときに、円安によって相対的に安価で優秀な労働力が採れる日本は、海外企業にとって魅力的に映っている。加えて西側の海外企業にとっては、脱中国の流れから同じアジア圏にある日本に進出しているということもあるだろう。

海外企業が日本に進出してくれば、その拠点の周辺の企業にとっては、採用における強い競争相手が出現することになる。

地域に攻め込んでくるカテゴリー・キラー

都心や海外の企業が競合になる分野は、採用だけに留まらない。ビジネスそのものについても競合相手になっている。

一因はやはりオンラインが浸透したことだ。これにより、商圏という概念が薄くなった業界が多い。

もちろんかつても、大企業の大型スーパーマーケットの出店など、地域進出の例はあった。ただ、その場合は比較的、人口が多い地域から出店を始めることが一般的だった。それが何より効率的だったからだ。そのため、あまり人口の多くない地域では直接的な競合になるということは少なかった。「大型店は品揃えがいいけれど、行くのに時間がかかる。近くの地元の店のほうが便利だ」と思う消費者もいたために、生き残りが図れたケースもあっただろう。

ところが多くの人がオンラインの恩恵にあずかれるようになると、出店の立地という制限に縛られることもなくなってきた。

この影響を大きく受けたのが書店だろう。

書店数は減り続けている。出版科学研究所のデータによれば、２００３年には2万を超えていた書店が２０２２年には１・１万となり、ほぼ半減している。坪数では、その間に増減はあったもののほぼ変わらない。３００坪未満の小型店が減り、大型店が増えた結果である。そして何より、Amazonに代表されるようなＥＣ書店が躍進したからだ。

ＥＣ書店の躍進に押されるなどして閉店に追い込まれた書店は、地域だけに限らず、都心でも閉店はしている。しかし、リアル書店からＥＣ書店への乗り換えに関しては、元々規模が小さくて扱う書籍が少なかった小型店のほうが、圧倒的な取扱数をほこるＥＣ書店に乗り換えることによる利便性が大幅に向上するため、小型店のほうが乗り換え

書店数の推移

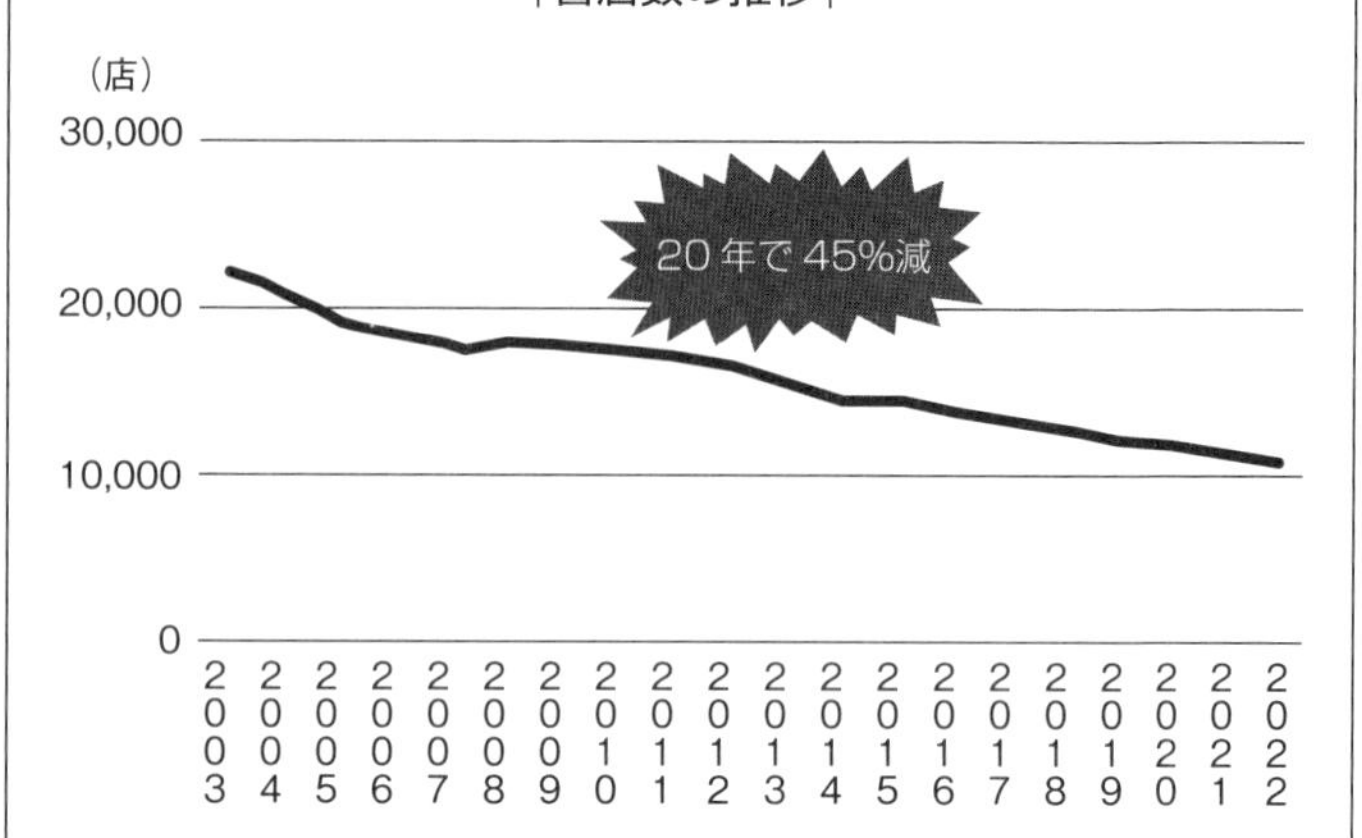

出典：「日本の書店数」公益社団法人 全国出版協会 出版科学研究所

障壁は低い。

出版文化産業振興財団によれば、22年に〝書店ゼロ〟の市区町村は456で、全国の26・2%だった。その影響は大きく、「本屋を知らない子どもたち」もいるほどだ。

ここでは書店の例を挙げたが、多くの業界で似たようなリスクはある。

商圏内の競合の少なさにあぐらをかいて、真に顧客を満足させるだけの商品やサービスを提供してこなかった企業ほど、こうしたリスクは高いと言えるだろう。まさか攻め込んでくるとは思いもしなかったグローバルなカテゴリー・キラーが、街の大小に限らず現われている。

地域における光明

都心から地域への動き

本章ではややネガティブな視点から話をしてきた。

しかし、すべての物事は表裏一体だ。ポジティブに捉えることもできる。

リモートワークを例にとってみよう。リモートワークによって、地域に住みながら都心の企業に勤めることも可能であり、これによって地域企業にとっては雇用が難しくなると述べた。これは最低賃金からも難しい面があり、都心では時給１０００円を超えるが、地域によっては８００円台と差が大きい。より高い賃金の企業に人材は流れてしまうだろう。

一方でリモートワークは、都心企業に勤めながら、居住地を変えるという選択肢が増えたということも意味する。消費支出は地域のほうが比較的に低いため、その点で魅力的であり、都心にはない、さまざまな資源が地域にはある。さらにつけ加えれば、最低賃金の格差を是正させる動きもある。厚生労働省はランクを4区分制から3区分制へと変更することを決め、賃金の底上げを狙う。

また、オンラインの浸透によって、どこにいても商品・サービスを手に入れやすくなった。そのため居住地にこだわらない人々にとっては、都心と地域との格差をそれほど感じなくて済むとも考えられる。

29歳以下の入職者増減率（2020年、15年比）

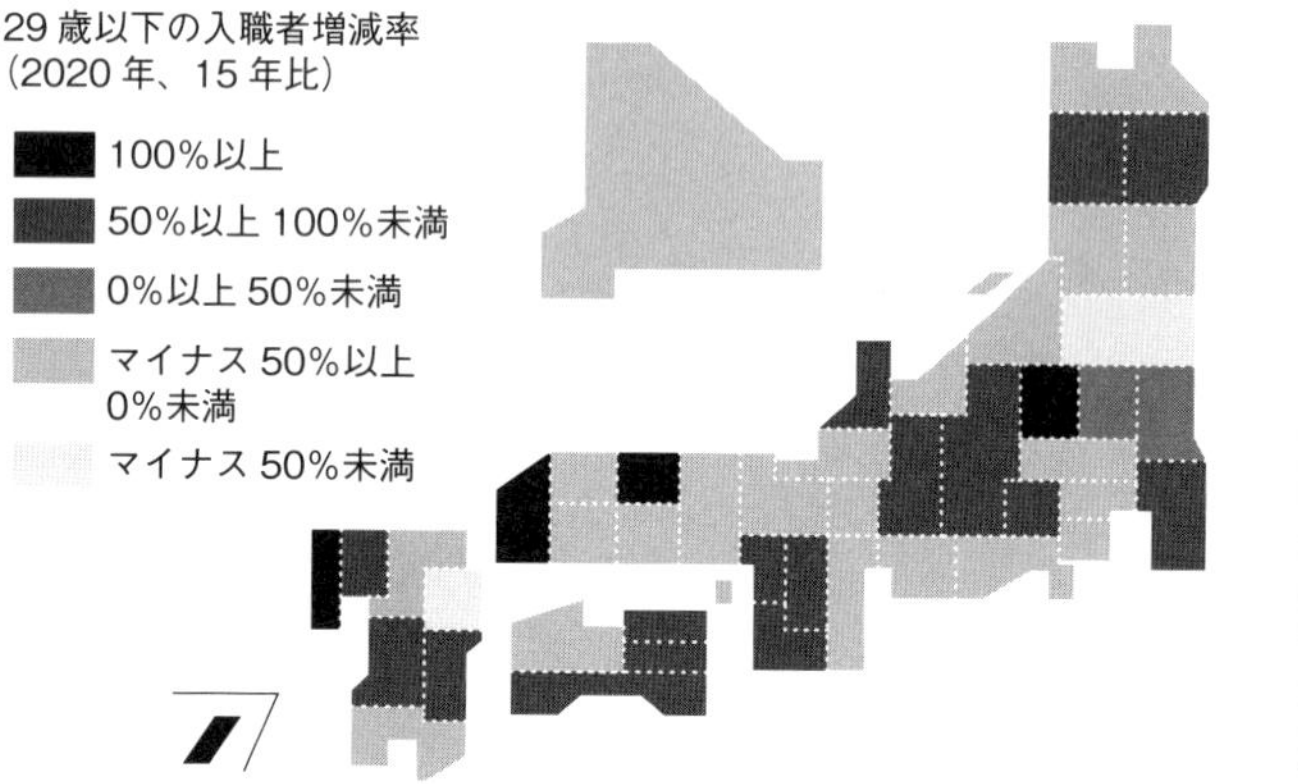

出典：厚生労働省「雇用動向調査」

実際のところ、自治体によっては若年層の新規就労者が増えた地域もある。厚生労働省の雇用動向調査から、2015年と20年の29歳以下の新規就労者（入職者）数を比べると、沖縄県・群馬県は3倍に増えている。両県は自治体の積極的な支援により、就労につながっている。群馬県ではU・Iターン就職促進として15年からインターンシップ制度を実施。18年度からは県外在住の大学生等には交通費を補助する制度もスタート。1回5000円を上限に、1人あたり3回まで利用できる。

こうした支援が都心から地域へと、人を呼び込む仕掛けとなっているのだ。

リスクをチャンスに

近年、声高に叫ばれてきた経営テーマのひとつにDX（デジタルトランスフォーメーション）がある。リモートワークをはじめ、デジタルツールによる事業の効率化が遅れているという懸念からだ。

実際に著者一同も、地域の経営者の方々から話を聞く中で、特に中小企業でのデジタル化に遅れを感じることがある。ただ、今現在まだ取り組んでいないのであれば、これから取り組めばいいだけのこと。今後の伸びしろは大きい。

本章で述べてきたリスクは、1社にだけ降りかかっているものではなく、ある意味で平等に日本全体に降りかかっているものだ。他社にとってもリスクであり、そうであるならば、これからいかに適切な施策を打っていくかを他社よりも先んじて考え、実行していくべきだろう。リスクはチャンスなのだ。

そして、こうした厳しい経営環境の中でも成長を続けている企業はもちろんある。それらの企業は、いったいどのような施策をとっているのか。

次章ではこの逆境下における活路について述べていきたい。

第2章

企業規模が勝負を決める

Regional Conglomerate Management

中小企業は労働生産性が低い

「今のまま」は永遠に続かない

第1章では、広い視野での経営環境への逆風を述べた。その一方で、当然ながら成長している企業もある。そこで第2章では、企業の成長におけるひとつの考え方について述べていきたい。それは、ある種のセオリーと言ってもいいかもしれない。

ひと言で言えば、中小企業にとって、中堅企業化こそ活路になる。つまりは拡大志向だ。本書では中小企業にとっての企業規模拡大という意味で、**中堅企業化**という言葉を使う。

ここで、次のように思った方もいるかもしれない。

「成長するのだから、企業規模は大きくなるに決まっている。何を当たり前のことを言っているのだ」と。

ここで言う拡大の意味は、売上の増加も当然含むが、増員という雇用面での話も含んでいる。著者は仕事柄、多くの企業とおつき合いをする。その中では、平たく言えば「売上は増やしたいが、人は増やしたくはない」という経営者がいるという話も耳にする。読者の多くも、これにはうなずいてもらえるに違いない。周りに同様の経営者がいるという場合も、あるいは、あなたがそうであるという場合にも。

そもそもの経営環境は厳しくなっていく。顧客としての人口が減り、売上にも影響が出る。少ないにしても雇用していれば、ときに離職もあり、その都度、採用の必要性も出てくるはずだ。今までは問題がなかったかもしれないが、この先は果たして思うほど応募が集まるかどうかは怪しい。

「今のままが続けばいい」と思うことは、「このまま緩やかに衰退していい」ということを意味する。もしも従業員や大事な家族に引き継ぎたい事業があるなら、このことについて経営者はしっかり理解しないといけない。

中小企業と大企業を比較すれば、経営の安定性という点で中小企業は劣ってしまう傾向にある。帝国データバンクによると、22年の倒産件数は6376件だが、そのうち資本金1000万円未満（個人事業主含む）の倒産が4297件と、67・4％を占めている。

企業規模は労働生産性と明確に関係する

では、中堅企業化について理解を深めてみたいと思う。

中堅企業化にはどのようなメリットがあるのだろうか。

結論から言えば、**中堅企業化は労働生産性を高められる**というメリットがある。そして、労働生産性を高めることで、企業が生み出せる付加価値が増える。それが競争力の源泉になり、従業員や顧客、関係者へさらなるメリットを提供することにつながる。

財務省総合政策研究所の「企業規模と賃金、労働生産性の関係に関する分析」（2019年）から、左図を引用する。これは企業規模と労働生産性の関係を示したものだ。

労働生産性は付加価値額÷従業員数で表わされる。ちなみに「付加価値額＝人件費＋支払利息等＋動産・不動産賃借料＋租税公課＋営業純益（営業利益－支払利息等）」だ。

その上で、従業員数に役員数を含めた同所の分析をここでは紹介する。この分析では、

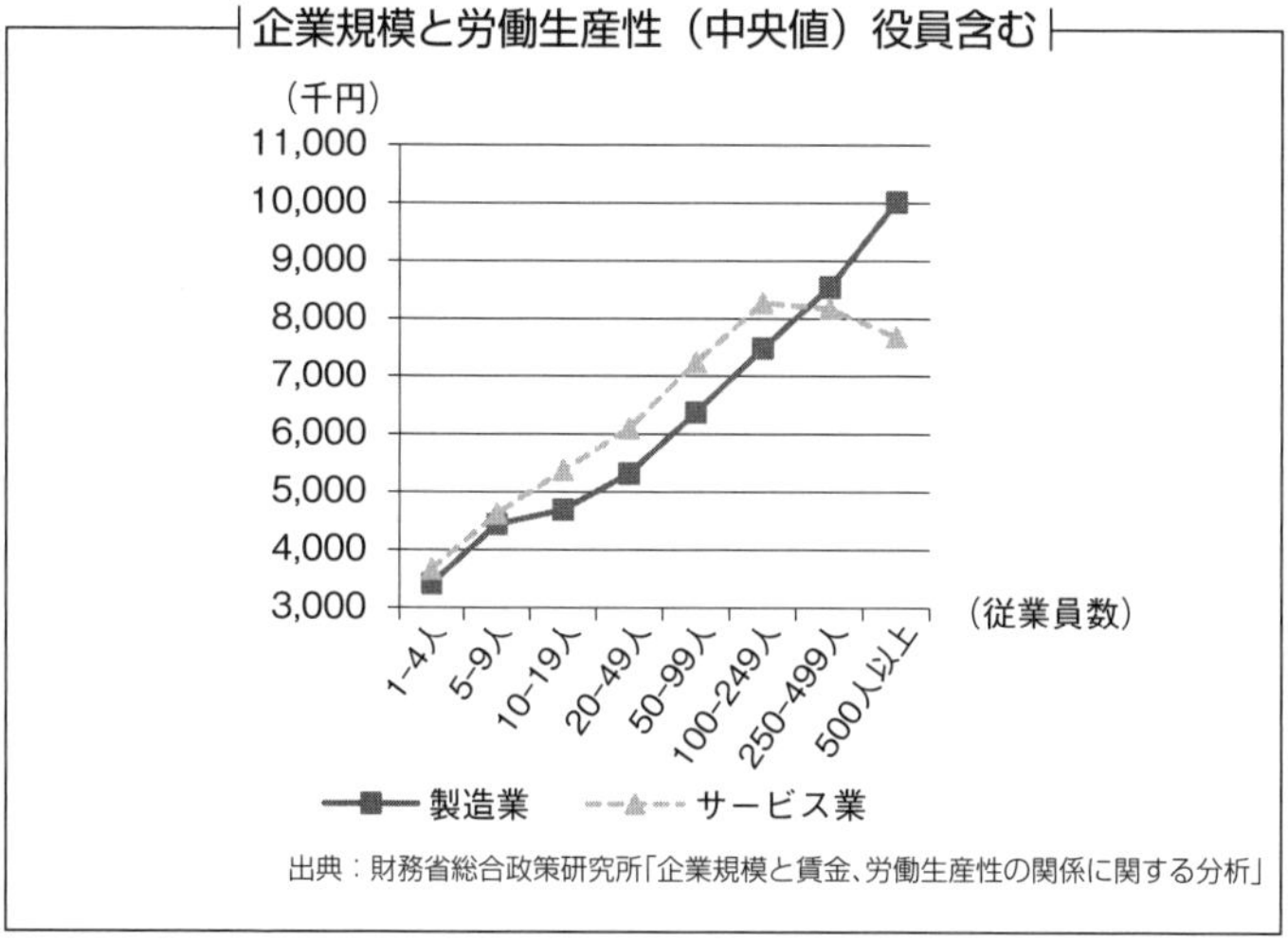

従業員数だけで労働生産性を示したものを出しつつも、小規模企業の場合、従業員と役員に職務の区別がない可能性もあることから、役員数を含めた分析も加えている。著者も従業員数だけで示すよりも、企業の実態に近いと考えて、これを紹介する。

例えば、サービス業では20～49名の企業に対して、１００～２４９名の企業の労働生産性は１・５倍となっている。

もうひとつ、資料を紹介する。

これは公益財団法人中部圏社会経済研究所による、労働生産性の推移の図（50ページ）だ。図からは、労働生産性は60年代から80年代までは著しく伸びていたにもかか

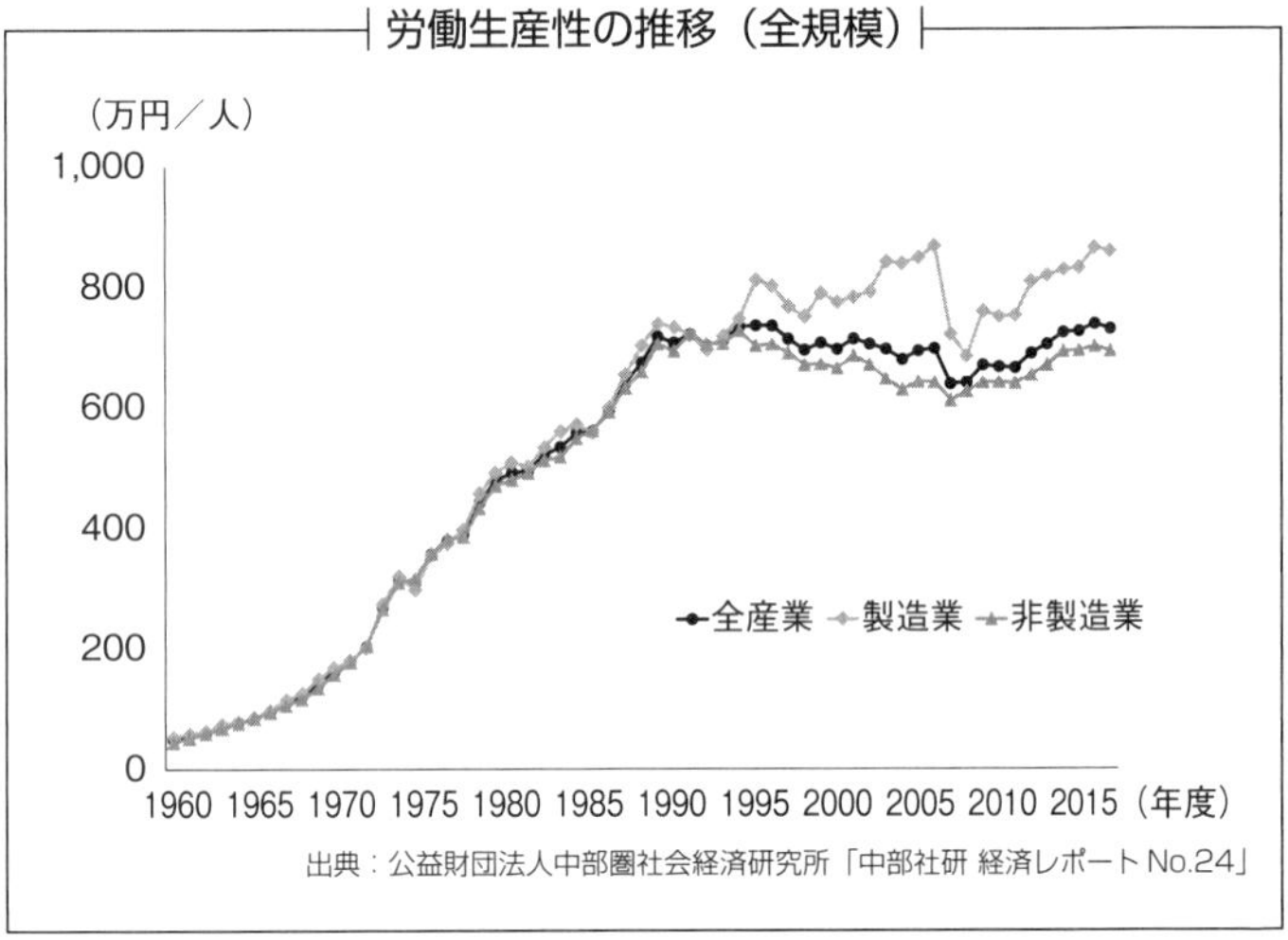

労働生産性の推移（全規模）

わらず、90年代以降は製造業は鈍化、非製造業に至っては年次の取り方にもよるが、ゆるやかに生産性が落ちているとも読み取れる。日本の国際的な存在感がみるみると下がっていった、この30年を目のあたりにする思いだ。

そして同所は、これを企業規模別でも示している（51ページ図）。資本金が10億円以上、1億～10億円未満、1000万～1億円未満、1000万円未満の4つだ。

図を見ると、やはり一律に90年代以降は伸びが鈍化している。しかしそれ以上に、小規模企業であるほど労働生産性が伸びていないことが一目瞭然だ。

労働生産性の推移（企業規模別）

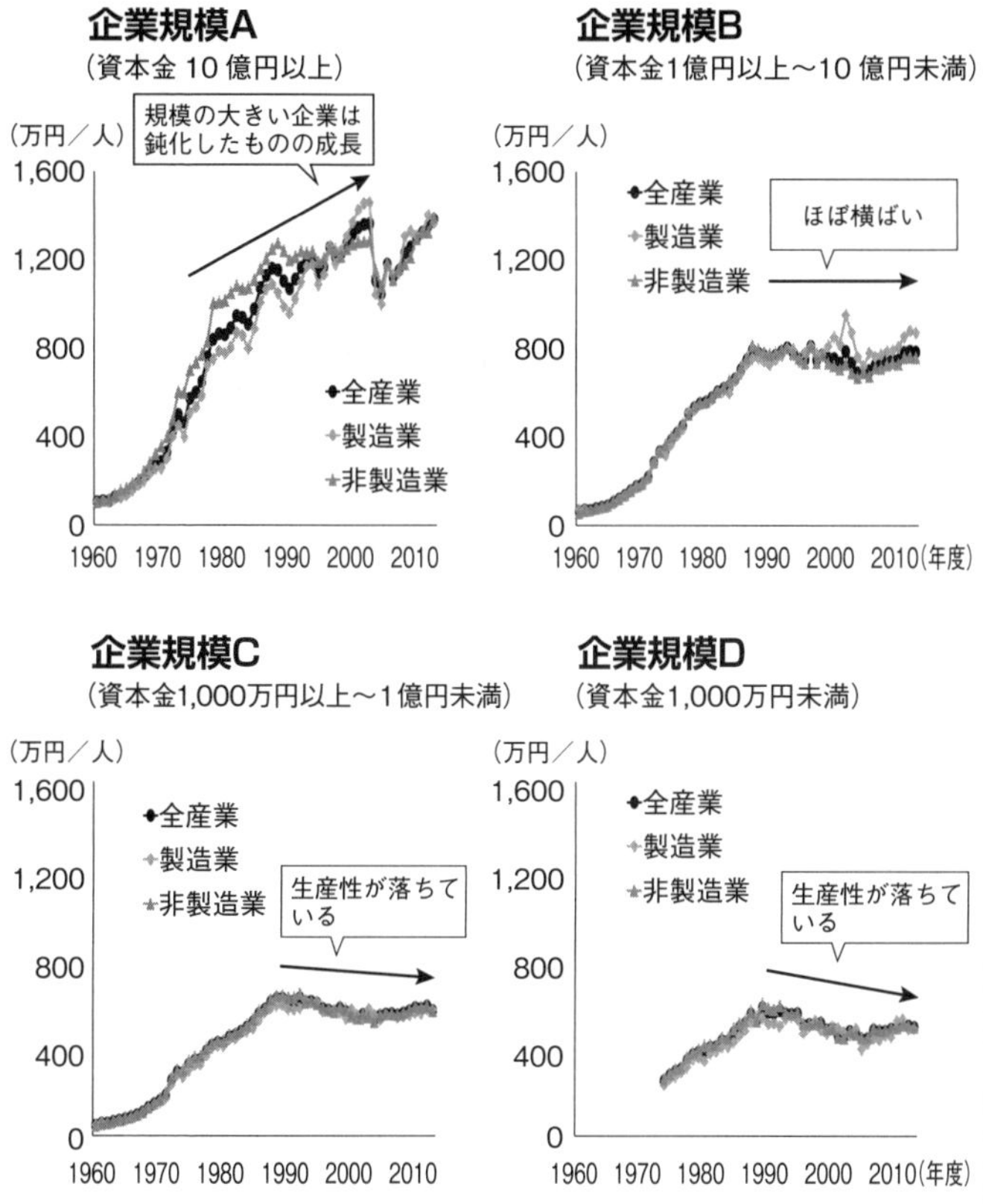

出典：公益財団法人中部圏社会経済研究所「中部社研 経済レポート No.24」

日本の中小企業の労働生産性は国際的に低い

企業規模と生産性の関係については、デービッド・アトキンソン氏の『日本企業の勝算』にも詳しい。氏は企業規模が大きくなるほど生産性が高くなることは「全世界で共通の大原則であって、大昔から知られています」と述べ、中小企業庁「中小企業白書」のデータなどからこれを論じている。

一例として、氏は国際的に日本の中小企業の労働生産性が低いことから、日本の生産性の低さの理由を解き明かしている。例えば、各国の企業規模別生産性を比較している。EUの28か国の生産性は日本の1・13倍と言うが、大企業では日本のほうが4％高い。ところが中小企業では日本はEUの79・7％の生産性になってしまう。このように中小企業の生産性が低いために、日本全体の生産性が下がってしまっている、と氏は言う。

同書は2020年の発行のため、企業規模は2016年「中小企業白書」、付加価値は同2015年のデータによる。ただ基本的な構造は現代でも大きくは変わらない。

2022年版「中小企業白書」には企業規模別、業種別の労働生産性が挙げられてい

企業規模別・業種別の労働生産性

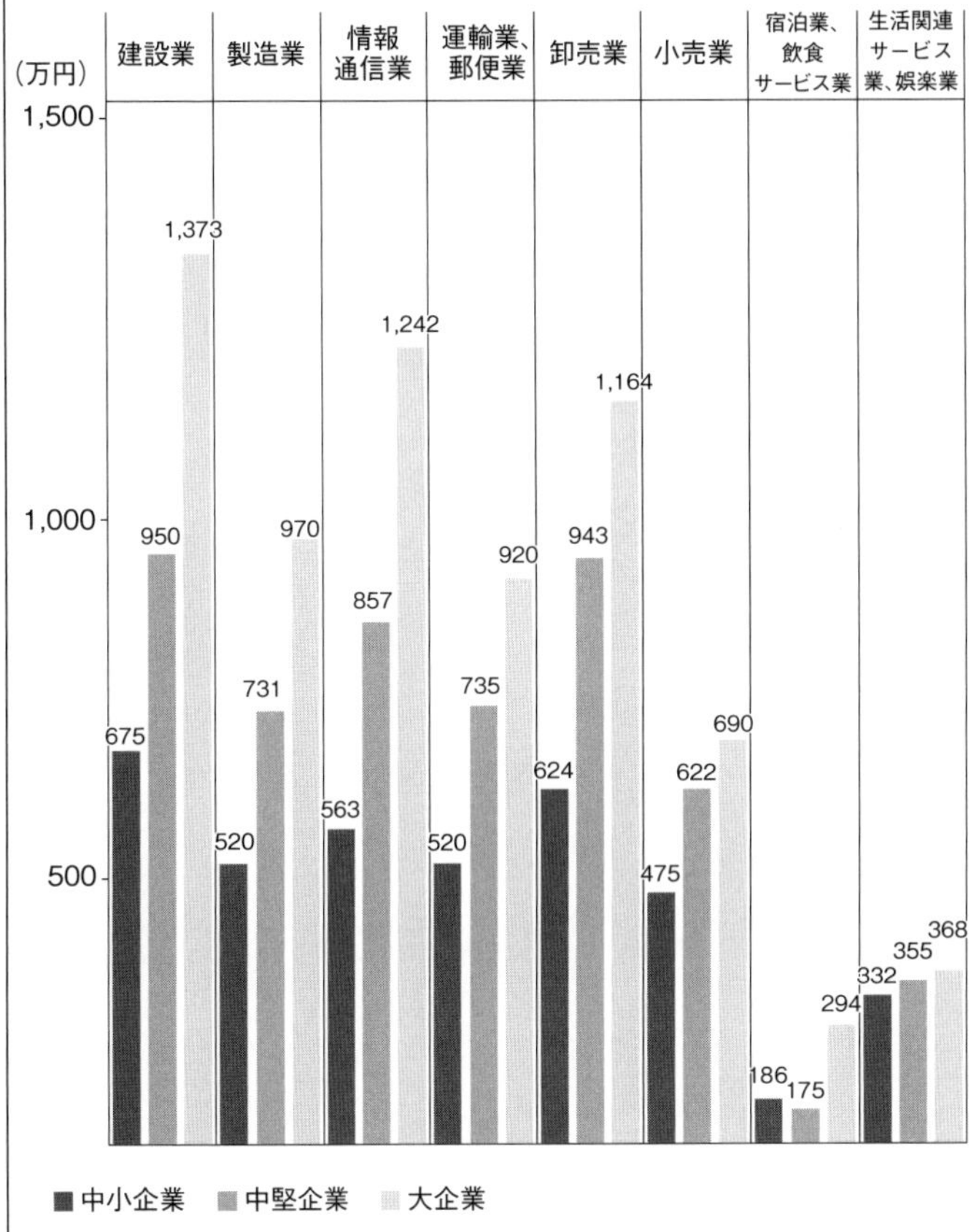

資料：財務省「令和２年度法人企業統計調査年報」再編加工
(注)1. 数値は中央値。
2. ここでいう大企業とは資本金10億円以上、中堅企業とは資本金1億円以上10億円未満、中小企業とは資本金1億円未満とする。

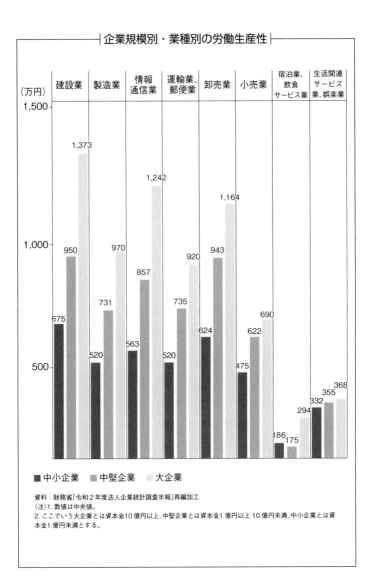

る。これを見ると、どの業種でも企業規模が大きくなるほどに労働生産性が高くなっていることがわかる。

また、国際的な労働生産性についてもOECD加盟国38か国中、日本は28位だ。1位のアイルランドは20万7000USドル。日本はその半分にも達しない7万9000USドルだ。OECD平均は10万1000USドルのため、これも大きく下回っていることになる。

デービッド・アトキンソン氏は先の著書で次のように言う。

「日本の生産性を上げなくてはいけないのは、日本の全企業、全国民に関係する重大な問題です。ですので、全員が真剣に取り組まなくてはいけません」

労働生産性を高めていくこと、そのために企業規模を上げていくこと。これは日本という国が強くなっていくためにも欠かせないことなのだ。

中堅企業は調達力に勝る

規模の大きい企業ほど採用に強い

企業規模が大きくなることは、さらにどのようなメリットがあるのか。資源の調達力という観点から述べていきたい。

まずは求人から見ていく。企業規模の大きさは、求人においても有利に働く。なぜなら賃金、採用・育成、企業認知の３点で、規模の小さい企業に勝っているからだ。以下にひとつずつ説明しよう。

まずひとつ目の賃金については、先ほど紹介した財務省総合政策研究所の同資料から、企業規模と賃金の図を挙げる。ここからは規模が大きくなるほど賃金が上がる傾向

企業規模と賃金（中央値）

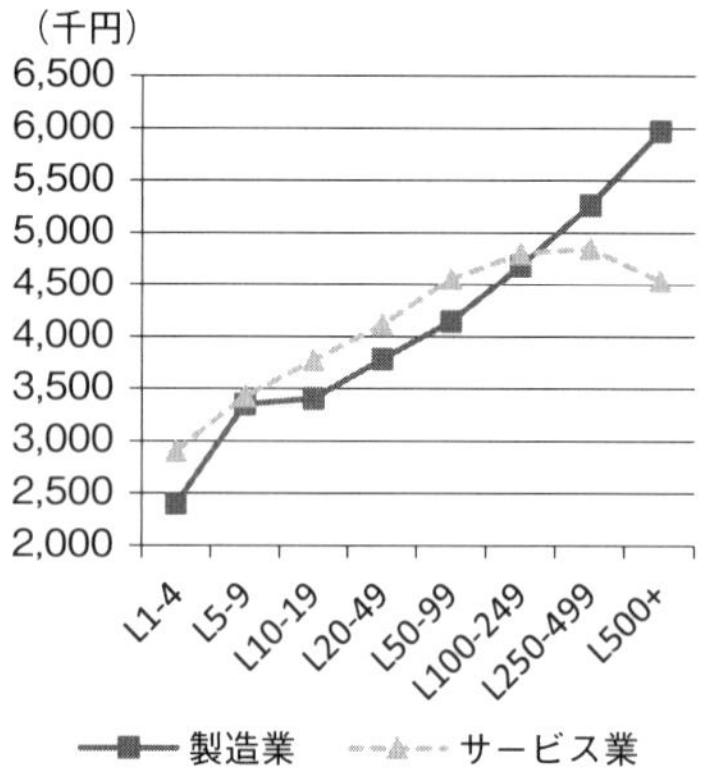

出典：財務省総合政策研究所「企業規模と賃金、労働生産性の関係に関する分析」2019年

が見てとれる。なお、サービス業では５００人以上ではやや低くなる。これは５００人以上の規模では卸売業よりも賃金水準が低い小売業の割合が多く、またパート従業員などが多いことが理由と考えられると同所は分析を加えている。

企業規模が大きければ労働生産性が高い傾向にあり、すると賃金にも反映されていくというのは自然な流れだろう。高い賃金を出せることで、人が集まりやすくなる。

２つ目の採用・育成はどうだろうか。

規模が大きくなるほど、企業内部に人事機能を持っている。人事機能があるということは、採用・育成について専任や、専任に近いポジションが配置されているということであり、細やかな対応が可能となる。

一般的には人事機能は「予算を持っている」セクションではないと思うが、それでも規模が大きいほどさまざまな施策に予算をかけやすいだろう。あるいは規模が大きければ、いわゆる大企業病のように稟議に時間がかかるかもしれない。しかし、そうだとしても、後述するデジタル化と同じく、対象人数が多いほど効率的でインパクトは大きい。

最後に3つ目の企業認知だ。

企業規模が大きいということは、それだけ求職者がその企業を知っている確率も高くなる。求職者が「知らない企業よりも知っている企業」と考えることは不思議ではない。商品、サービスや企業自体のブランドイメージが有利に働くことも多く、求人に対して応募が集まりやすいと考えられる。「長年のファンです」という人が応募してくる場合もある。するとその企業へのロイヤリティも高い。また、規模の大きさに安定感や安心感を覚える人もいる。たとえ名前こそ知らないとしても、企業規模を理由に応募することもあるだろう。

以上のように、規模が大きくなるほどに人材調達力が高まる。中小企業は、賃金、採用・育成、企業認知の3点で優位な大企業と求人を競わなければならない。規模が小さいほど苦しい闘いとなることは容易に想像できるだろう。

資金調達力で事業を躍進

攻撃は最大の防御と言うが、規模を拡大させるということは中小企業にとって経営の安定化をもたらす。

調達力が高まるのは人材だけではない。規模が大きくなれば資金調達力も高まっていく。資金調達力が高まるということは事業に投資できるということだ。第1章で、経営環境が変化していく中で、企業がそのままでいることはリスクだと述べた。そのため事業に投資していくことはリスクヘッジでもある。資金調達力がこれを支えることは間違いない。多くの経営者が理解していることだろう。

一般的な話として、金融機関の立場に立てば、企業規模が大きいほうが融資をしやすい。業績の好不調など審査基準はあるにせよ、規模が大きいほど経営は安定してくる。そのため「借りやすい」どころか、金融機関が「貸したがる」とすら思われるようなステージに入ってくる。

また金融機関の事情による融資の現状も押さえておきたい。これも後述するが、年間の売上が20億円を超えてくると、地方銀行は企業に対して有効な支援がしづらくなってくる。もっと簡単に言うなら、**地方銀行の融資可能額と、企業からの希望額のあいだにギャップが生まれてくる**のだ。では地方銀行の上位にあるメガバンクと取引をしたいと考えたとしよう。しかしメガバンクがメインとする取引先は売上100億円超となる。つまり、ここでも企業規模が意味を持つのだ。資金調達のしやすさは、すなわち企業の力だと言っていいだろう。

より具体的な資金調達の手段や考え方については第6章で説明する。ここでは一般的な話のみに留めておきたい。

デジタル化に規模が活きる

例えば、こんな会社があるとしよう。

そこでは社内会議で紙の資料を配布している。10枚の資料を10人に配るため、会議では100枚のプリントアウトが必要となる。これをホチキスで留めて、会議机に置く。

参加者は会議で初めて資料に目を通すため、理解がおぼつかない。議論は深まらない。中には会議後に資料を紛失する参加者もいたりする。経営者は、もう気が気でない。

これは極端な例であるが、ひと昔前にはよくあったことだ。コピー紙の購入、プリントアウトやホチキス留めの時間、非効率な議論と、資料紛失による情報漏えい……。これらはアナログな業務によるコストであり、リスクの一例だ。

そこで生産性向上の鍵を握るのがデジタル化となる。紙の資料をデジタルデータにして共有化を図れば、これらのコストやリスクは激減する。

デジタル技術の特徴ひとつは、コピーコストが極端に低いことだ。デジタル技術は導入コストや環境整備、教育コンテンツ整備など、固定費的な性格のコストが大きい。そのため、企業規模が活きてくる。

先ほどの紙の資料の例で言えば、10人に資料を配布している企業よりも、1000人に資料を配布している企業のほうが、デジタル化の恩恵にあずかれる。ちりも積もれば山となる。しかも一手で得られる効果は多岐にわたる。その効果は計り知れない。

参考までに、船井総合研究所ではデジタル投資の目安は「売上の1%」と提唱している。企業規模が大きくなれば、当然、1%の額は変わるため、大きな投資が可能となる。

こうして導入メリットに勝る大企業がデジタル化を推し進める一方で、中小企業ではあまり進んでいない。総務省の「令和3年　情報通信白書」によれば、DXについて「実施していない、今後も予定なし」との回答は、大企業では約4割だが、中小企業では約7割と差がある。

また、規模の大きい企業のほうが採用では有利と述べたが、デジタル人材についても当てはまる。デジタル技術・知識に精通したデジタル人材は、昨今、特に企業から求められる。自社に合うデジタル化を進める際に欠かせない人材だからだ。需要は高く、新卒でも能力が高ければ、年収1000万円で受け入れる制度を用意している企業もあるほど。そのため求人をかけても、待遇面で見劣りがすれば敬遠されてしまうケースもある。たとえ企業としてデジタル化に積極的だったとしても、人が採用できないという事態は十分にあり得る。

こうして大企業と中小企業との生産性の格差は、ますます広がってしまう。

規模が小さいために調達力に劣り、調達力に劣るため生産性を上げにくく、生産性が上がらないために規模が小さいまま……。シビアに感じるかもしれないが、実際にこのような負のスパイラルが回っていってしまう。

政府が支援する中堅企業化

成長戦略会議が掲げた「足腰の強い中小企業の構築」

経営環境は厳しく、その中でも相対的に中小企業は不安定な立場にある。自然災害やパンデミック、戦争などの突発的な社会課題も起こり得る。そして、そのたびに苦しむ企業がある。コロナ禍では、いわゆる3密（密閉・密集・密接）を避けることが推奨された。飲食業や観光・レジャー業、エンターテインメント業など、多くの業種に制限がかけられた。政府による支援はあったものの、「不要不急の外出自粛」の影響は至るところに生じた。帝国データバンクによれば新型コロナウイルス関連倒産は、23年5月現在で5828件。もっとも多いのが飲食店で855件だった。

こうした状況に、政府の成長戦略会議が21年6月に発表した「成長戦略実行計画」では、「足腰の強い中小企業の構築」というキーワードが記された。

そこには事業継続と事業再構築への支援のほか、労働生産性の向上のための支援強化などがうたわれた。「中堅企業に成長し、海外で競争できる企業を増やすため、民間支援機関との連携により海外展開するまでの伴走支援を強化する」と書かれ、中小企業に成長を促している。

中小企業のM&Aも活況に

さらに成長戦略実行計画では、中小企業がM&Aの支援を活用しやすくするための整備についても触れられた。

背景には中小企業の、**経営者の高齢化と後継者不足**がある。

中小企業庁の2023年版「中小企業白書」によると、00年の経営者年齢は「50〜54歳」がもっとも多かったが、22年には「70〜74歳」がもっとも多い。ただ、50代、60代も一定数いるため、同書では「これまでピークを形成していた団塊世代の経営者が事業

年代別 中小企業の経営者年齢分布

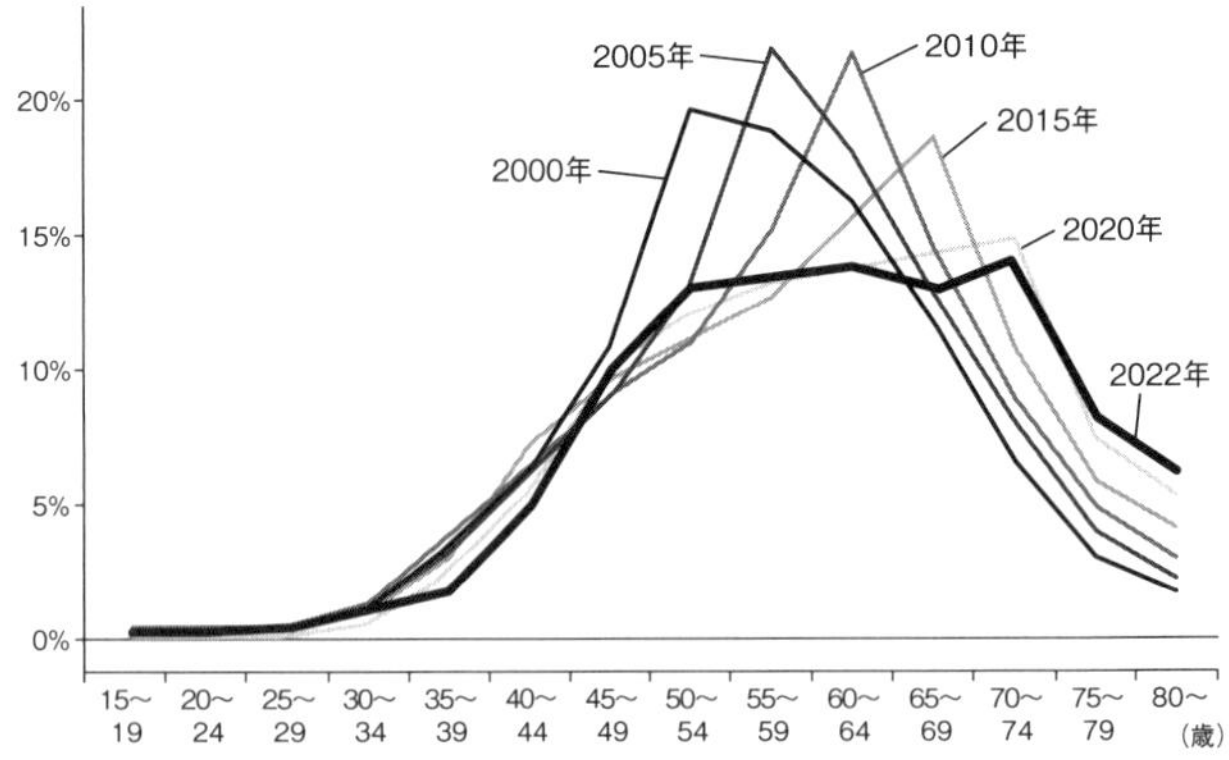

資料：(株)帝国データバンク「企業情報ファイル」再編加工
(注)「2020年」については、2020年11月時点のデータを集計している。

承継や廃業などにより経営者を引退していることが示唆される」と分析している。同時に75歳以上の経営者の割合は年々高まっている。

一方、後継者の存在について、帝国データバンクの「全国企業『後継者不在率』動向調査」（2022）を確認してみる。これによると22年は、調査を行なった全国・全業種約27万社のうち15・4万社が後継者が定まっていなかった。実に57・2％にのぼる計算だ。

年代別で確認すると、60代では42・6％、70代では33・1％、80代以上で26・7％となっている。いずれの年代も改善傾向にはある。特にコロナ禍前後では大きく改善した。とは言え、まだまだ後継者不在は多くの企業にとって課題となっている。日本政策金融公庫の調査では、後継者不在のために廃業を予定している企業は3割程度あるという。

そこで、M&Aは事業承継のひとつの有効手段となり得る。株式会社レコフデータの調査からは、事業承継M&Aの件数が増加傾向にあることがわかる。また、本調査は公開データに基づくものであり、未上場企業同士の非公開案件は含まれない。そのため、実際はさらに多いと言われている。

また、同社調べによる、大企業も含めた日本企業全体のM&A件数は、22年は前年より0・6%アップの4304件で過去最多となった。M&Aを通じて規模を拡大し、企業の持続性を強める動きが活発になっている。中には業種特化型のM&Aの仲介企業も現われている。例としては調剤薬局や飲食店などだ。これらは店舗単位になっているため、M&Aに向いていると言われる。

このようにM&Aは活況にあり、かつ政府も支援を進める。今後も事業承継目的のものも含め、M&Aは活発化していくと考えられるだろう。具体的なM&Aの進め方については第4章でさらに説明していく。

年代別 後継者不在率推移 内訳

年別（2016年以降）

年代別	2016	2017	2018	2019	2020	2021	2022	2021年比（1年前）	2017年比（ピーク時）
							（%）		
30代未満	94.5	92.1	94.1	91.9	92.7	91.2	89.3	△1.9pt	△2.8pt
30代	91.3	92.4	92.7	91.2	91.1	89.1	86.3	△2.8pt	△6.1pt
40代	88.0	88.1	88.2	85.8	84.5	83.2	79.3	△3.9pt	△8.8pt
50代	75.7	74.8	74.8	71.6	69.4	70.2	65.7	△4.5pt	△9.1pt
60代	54.3	53.1	52.3	49.5	48.2	47.4	42.6	△4.8pt	△10.5pt
70代	43.3	42.3	42.0	39.9	38.6	37.0	33.1	△3.9pt	△9.2pt
80代以上	34.7	34.2	33.2	31.8	31.8	29.4	26.7	△2.7pt	△7.5pt
全国平均推移	66.1	66.5	66.4	65.2	65.1	61.5	57.2	△4.3pt	△9.3pt

出典：帝国データバンク

事業承継 M&A 件数の推移

2018	2019	2020	2021	2022（年）
546	619	622	642	749（件）

出典：株式会社レコフデータ

中小企業の再編に向けた支援

さらに政府による事業再構築への支援についても紹介しよう。

第1章で、事業再構築補助金の中にグリーン成長枠が設けられたことに触れた。本章では、この補助金の経緯などを見ることで、政府の支援方針を読み解いてみたい。

２０２０年に始まったコロナ禍を受け、政府は当初、コロナ禍で売上を大きく下げた中堅・中小企業、小規模事業者、フリーランスを含む個人事業者に向けて、幅広い用途で活用できる持続化給付金制度を設けた。この申請は翌年2月に締め切られた。

そして入れ替わるように21年3月から始まったのが、事業再構築補助金の公募だった。事業再構築補助金は、持続化給付金とは性格が異なり、コロナ禍による経済環境の変化に対応するために「事業再構築」の挑戦を支援することとなっている。

当初はそれでもやや幅広い対象に向けられていた。それが23年の第10回公募では、対象企業は以下に焦点化されている。

「新市場進出、事業・業種転換、事業再編、国内回帰又はこれらの取組を通じた規模の拡大等、思い切った事業再構築に意欲を有する中小企業等」だ。

中小企業では「国内回帰」に当てはまるケースはそこまで多くはないように感じるが、詰まるところ、ここから読み解けるポイントは、**政府として事業再構築を前面に押し出すようになってきている**ことだろう。公募資料に掲載された、補助金の活用イメージには「オフィス勤務の方向けの弁当販売を行なう事業者が、高齢者向けの食事宅配事業を開始」「衣料品の店舗販売のみ行なっていた事業者が、ネット販売を開始し、全国に商品販売」「半導体製造装置の技術を応用した洋上風力設備の部品製造を新たに開始」の3例が挙げられていた。いずれからも、既存の事業に留まらずに新たな分野に乗り出していく企業像が浮かび上がってくる。

コロナ禍当初はどちらかと言えば、青息吐息の中小企業への救援策という性格が強かったように思う。それだけに、「弱いだけの企業を、ただ単に延命させただけ」という批判もあったことは事実だろう。それが現在は「強くするための支援」へと変わってきている。中小企業の成長を促し、強くなっていくこと、すなわち中堅企業化を支援しようとしていると言えよう。

もうひとつ、別の資料から政府の支援方針を見てみる。

経済産業省の「令和４年度 経済産業政策の重点」では、「コロナ禍を経て、経済的な豊かさが、健康に限らず環境・経済安全保障・分配など、多様な価値と同時に確保・実現されることが求められるようになっている」と記されている。

言い換えれば、社会課題を捉えたビジネスが中長期的な成長分野になっていることだ。社会課題の解決のために求められる価値には、以下の４つが挙げられている。環境、経済安全保障（安保）、分配、健康だ。

環境とは、再生可能エネルギーやカーボン・ニュートラルなど自然環境への配慮を指す。安保とは、サプライチェーンもグローバル化した昨今に、資源調達の多様化や国内資源開発の重要性を指す。賃上げなどの分配は、労働生産性の向上や消費拡大といったもので、成長と分配の好循環につながると言う。最後に健康は、コロナ禍により再認識された身体の健康や、超高齢社会を迎えている日本が、いかに経済活力を維持・向上させるかといった課題につながるテーマだ。

参考までに、同資料に挙げられた、これらの価値をいかに実現し、経済の好循環を同時に達成するかについての細目が次ページ表となる。

求められる４つの「価値」の実現と「経済」の好循環の同時達成

1「経済」×「環境」の好循環～グリーン成長戦略・エネルギー基本計画～	①電池・水素・洋上風力などグリーン成長の加速 ②エネルギー需給構造の強靭化による S+3E の実現 ③成長に資するカーボンプライシング
2「経済」×「安保」の同時実現～経済安全保障／サプライチェーンのレジリエンス～	①重要技術を「知る」「守る」「育てる」 ②半導体・データセンター ③バイオ・医療 ④レアアース等の重要資源の確保
3「経済」×「分配」＝包摂的成長～誰もが実感できる成長の実現～	①人づくり ②強靭な地域経済 ③イノベーション・スタートアップ
4「経済」×「健康」の同時実現～民間による健康エコシステムへの投資促進～	①健康への投資拡大 ②ヘルスケア産業の社会実装促進 ③勝てる産業育成・海外展開 ④2025 年大阪・関西万博開催に向けた準備の本格化

出典：経済産業省「令和 4 年度 経済産業政策の重点」

中堅企業化への追い風

本章では、中小企業にとって中堅企業化こそ成長のセオリーであることを述べてきた。そして中小企業がそのままでいることの危うさや、大企業と比べたときの経営のもろさについても触れた。人材や資金などの調達力や、デジタル化への対応から、中小企業と大企業との格差は今後ますます広がることが考えられる。

成長戦略会議が掲げた「足腰の強い中小企業」というひとつの目標は、著者も大いにうなずけるところだ。政府がこれを支援していくために、中堅企業へと成長していくチャンスは広がると考えられる。そして逆に言えば、成長しなければ取り残されてしまうリスクも決して少なくはないと考えられる。

日本の全企業のうち99・7％が中小企業である。中小企業が成長してこそ、日本の力は格段に向上していくことだろう。何より著者は、日本の中小企業の大きな存在意義と成長の可能性を日々強く感じている。その余地は非常に大きい。先に「後継者不在のために廃業を予定している企業は3割程度ある」と述べた。これほどもったいないことはない。そこには貴重なビジネス資源があるはずと信じてやまない。

今後、中小企業の再編はますます進むことが容易に予想される。そのとき、今のままでいいのか、企業は胸に手を当てて考えてほしい。

「船は港にいるとき最も安全であるが、それは船が造られた目的ではない」という言葉がある。それなりの規模にまで成長した企業は、ビジネスもある程度は仕組み化され、顧客の信頼もそこそこに得て、従業員もほどほどの満足を得ている。この状態は居心地がいい、それなりに。居心地のよさに安住したい気持ちに対して、一定程度の理解はする。しかし、その「それなり」の居心地のよさは、企業が作られた目的だっただろうか。顧客も従業員も経営者もそれなりというのは、反面、「それなりの不満」があるということだ。

中小企業は今こそ、中堅企業化への追い風を受け、港を出て行かなければならないのではないだろうか。

第3章

地域コングロマリット経営による中堅企業化

Regional Conglomerate Management

企業の力が地域を変える

中堅企業が地域に資する

本章からは、いよいよ本書の主題となる地域コングロマリット経営に入っていくが、まずは地域にとって強い企業があるとはどのような意味を持つのかということから話を始めていきたい。

デービッド・アトキンソン氏は『日本企業の勝算』で「各都道府県別の生産性は、主に中小企業の占める割合の大きさで決まります。中小企業が占める割合が大きいほど、その都道府県の生産性は低くなっているのです」と語る。氏は「中小企業白書」からこれを読み解いており、著者もこれに異を唱えるものではない。

県内総生産（左軸・棒グラフ）と中小企業数（小規模企業を除く）（右軸・折れ線グラフ）

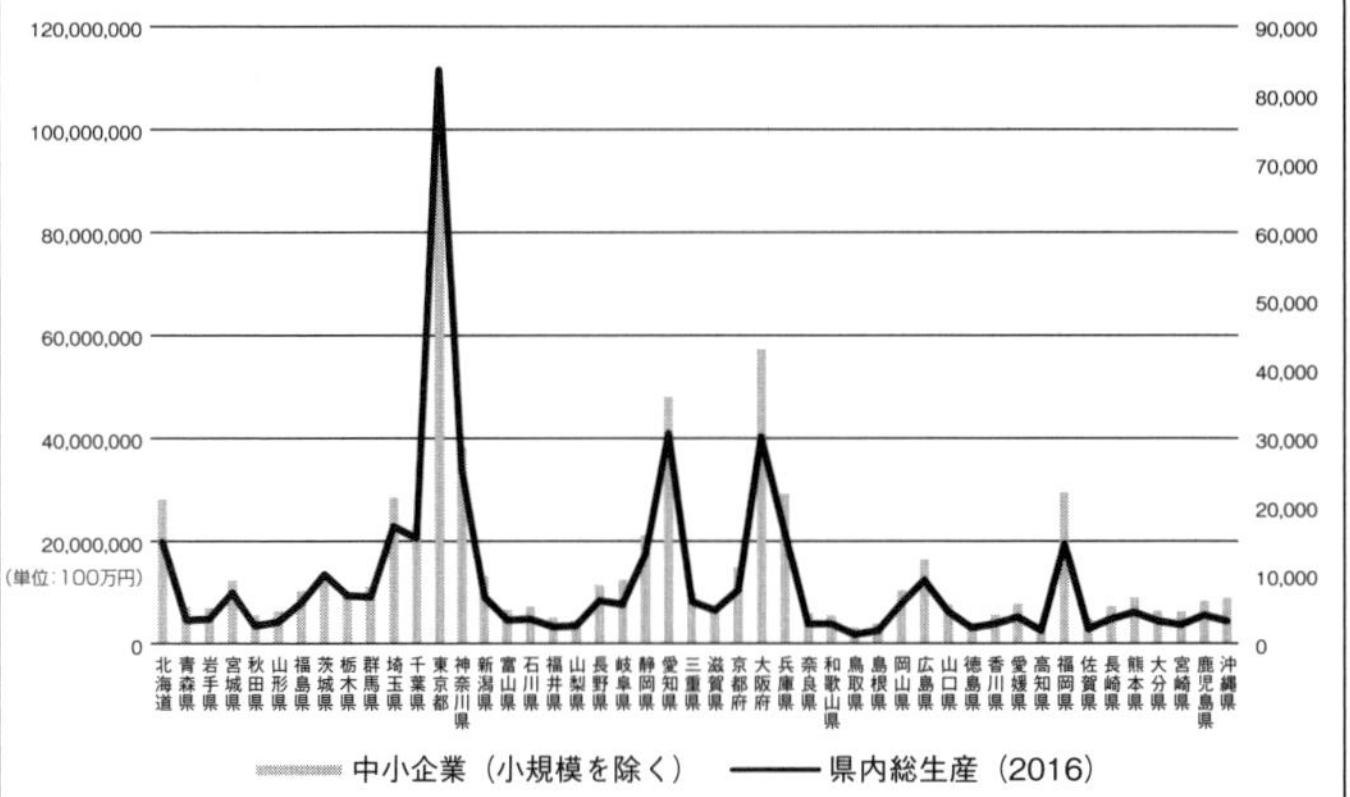

出典：内閣府「県民経済計算」、総務省・経済産業省「平成28年経済センサス」より

上の図は参考までに、地域の経済指標として、内閣府の「県民経済計算」から見た県内総生産と、中小企業数（小規模企業を除く）を重ね合わせたものだ。大企業数、小規模企業数について見ても、同じように県内総生産の高低とほぼ合うのだが、企業の存在が県内総生産に当然に影響するという前提を共有しておきたい。

そして本書では、ここから実践的な経営戦略を考えていくにあたって、もう少し焦点化して考えたいと思う。

本書が伝えたいのは中堅企業化である。

中小企業とは、例えば製造業では資本金3億円以下か従業員数300人以下、小売業では資本金5000万円以下または従業員数50人以下と中小企業基本法で定義されている。そしてこれに当てはまらないものが大企業とされる。

では中堅企業はと言えば、そこに明確な定義はない。そこで便宜的に本書では、**年間の売上が30億円から100億円までの企業を中堅予備軍とし、100億円から1000億円までの企業を中堅企業とする。**

業種ごとの産業構造により、売上額が意味するものに差があり、やや粗い区切りであることは承知しているが、より多くの方にイメージをつかんでいただくことが実践する上で重要だと考えるため、このような区切りとすることを了承いただきたい。

実際のところ、売上100億円以上と未満とのあいだには大きな壁があり、企業の影響力も大きく変わってくる。

都道府県の中堅企業が占める比率を見ると、賃金との関係性が見られる。中堅企業が多いと、賃金が高い傾向がある。この背景には、中堅企業が地域の経済にとって中心的な役割を果たしていることで、雇用や所得の安定につながっていることが考えられる。

厚生労働省の「令和3年　賃金構造基本統計調査」によれば、全国計の307・4千円よりも賃金が高かったのは、6都府県だ。東京都、神奈川県、愛知県、京都府、大阪府、兵庫県である。一例として、愛知県（317・3千円）を見ると、中堅予備軍が2・51％、中堅企業が1・30％と、他都道府県の平均がそれぞれ1・55％、0・65％に対して高いことが理由のひとつに考えられる。一方、賃金が低い青森県（245・0千円）では中堅予備軍が1・20％、中堅企業が0・43％となっている。

ここからも中堅企業が地域に貢献している姿が垣間見られると思う。

上位1％が持つ力

売上100億円以上と未満とのあいだの大きな壁について、実際の企業の数から見てみたい。次ページ表は東京商工リサーチに登録する約155万社を、売上別に区分けした法人数とその割合だ。売上が30億円から100億円までの中堅予備軍は2・0％だが、その上の売上1000億円までの中堅企業はその半分の1％である。さらに上の1000億円以上の企業数を足しても1・1％だ。

つまり端的に言えば、**中堅企業化を目指すということは、上位1％を目指すということだ。**さらに全国の上位1％のポジションとは、東京や大阪、愛知は例外だが、地域内

売上規模と法人数

売上	法人数（社）	割合
1000億円以上	1,859	0.1%
300億円以上1000億円未満	4,287	0.3%
100億円以上300億円未満	10,634	0.7%
30億円以上100億円未満	30,463	2.0%
10億円以上30億円未満	70,084	4.6%
1億円以上10億円未満	511,936	33.6%
1億円未満	895,313	58.7%
合計	1,524,576	—

出典：東京商工リサーチ調査（2023年1月）売上データ無企業数は上記に含まず

でも優に上位1%の企業ということ。この規模感になると、地域で知られる企業になるということでもあり、ブランディングが如実に変わってくる。これは著者が普段、話を聞く経営者の方々が口々に言うことでもある。

規模が大きくなれば、採用面でも営業面でも有利になってくる。人材・流通・マーケットなどをコントロールするためにはどうしても規模が必要となり、規模があれば他社の追随を許さない。価格設定ひとつとっても、規模の大きな企業が主導権を握りやすいことはたやすく想像できると思う。

第2章で、メガバンクがメインとする取

引先の目安は年間売上100億円超と述べた。このことからも100億円を超えるとステージが一段階変わることがわかるだろう。メガバンクとの取引が始まれば資金調達の面でも飛躍し、さらなる事業拡大ができる。地域からの信頼も厚くなる。従業員はその企業に属していることを誇りに感じ、経営者は地域の有力者としての責任と同時に大きな夢を描くことも可能となる。

売上が30億円から100億円までの中堅予備軍でも、経営は安定してくるだろう。地域で業界ベスト3に入ったり、「○○業のすごい会社」というブランドもできてくるかもしれない。または、昔話のようではあるが、高級車に乗ったり、ゴルフ三昧の日々を送る経営者が出てきたりするのもこのステージになる。

それが100億円を超えると、業種を超えて、「あぁ、あの会社」と言われるレベルになってくる。繰り返しになるが、比較的高い賃金を用意できたり、一層の信頼が生まれてきたりする。地域に喜ばれる企業、それこそ上位1%が持つ力と言っていいだろう。

地方創生と地域コングロマリット経営

地域コングロマリット経営とは何か

このように中堅企業化とは自社の利益のみでなく、地域の利益にも貢献することである。もとい、地域を巻き込むことが、そのまま中堅企業化につながっていくと言えると著者は考える。

そのうえで特に有効だと考えるのが、地域コングロマリット経営だ。

地域コングロマリット経営とは、**「特定の地域で複数の事業体を持つ経営」**という意味の船井総合研究所の造語である。

複数の事業体を持つだけならば、「多角化経営」といった言葉もある。しかし、地域コングロマリット経営は、多角化とは一線を画す。多角化経営と言うと、単に事業を増やすことに重きが置かれるケースがある。つまり多角化自体が目的になりやすい。この場合のよくある落とし穴が、事業数は多いがそれぞれの粒が小さいということ。それでは管理コストはかさみ、シナジーもなく、業績も上がらない。

地域コングロマリット経営は違う。さまざまな事業があるだけではなく、**それぞれの事業があることで、ほかの事業にもプラスがもたらされる。事業間でシナジーが生まれる。それぞれの事業体を〝会社として経営する〟経営者の役割を担う人材が多数いて、強い組織になっている**、それが地域コングロマリット経営の条件だ。

そのためにも、地域コングロマリット経営では〝第二本業〟を作ることを推奨している。新たな事業を小さいままではなく、それなりの規模に成長させていく。あるいはそこで祖業となる第一本業と売上が逆転するケースもあれば、さらに第三本業も打ち立てるというケースもある。

これによってどのようなシナジーが生まれてくるか。

例えば、世の中には「不人気業種」というレッテルを貼られてしまう企業がある。3Kと言われるような仕事はこれに含まれてしまうだろう。こうした企業に人は集まりづらく、えてして採用は苦戦しがちだ。地域コングロマリット経営は、この不人気業種という弱点をカバーすることも期待できる。不人気業種と言われてしまう事業を行ないながらも、同時にカフェなど、学生に人気の高い事業も行なうことで採用力を高める。複数の事業を行なうことで総合的な力を高められるのだ。

また、事業の数だけ経営者が必要になるため、地域コングロマリット経営下では、単なる社員ではなく、経営を担う力のある人材が次々と輩出される。会社を大きくする過程で、人材を育てる仕組みを整えやすいことがその理由だ。

多くの優秀な人材が集まり、育つことで、地域経済をリードする存在となっていく。その地域に住む多くの人がその会社で働いていて、仮にその会社がなくなったら、深刻なマイナスを与える。こうなると、経済・雇用の面でも地域になくてはならない存在だ。なくてはならない存在だからこそ、地域から頼りにされる。中堅企業化のメリットとしても述べたように、その地域で後継者難などで売却先を探している会社や、その担当をする金融機関は、まず地域コングロマリットに対し「買いませんか？」という話を持ち込む。最初に話を持ってきてもらえるのは、圧倒的なアドバンテージだ。

さらに、地元のスポーツチームのスポンサーを頼まれたり、地域からさまざまな協力依頼が来るようになる。ますます「なくてはならない会社」と思われ、採用やそれ以外の経営面でもプラスが生まれるようになっていく。それが単なる多角化を超えた、地域コングロマリット経営なのだ。

地域コングロマリット経営は時流に沿う

金融庁ＯＢである日下《くさか》智晴《ともはる》氏は「元気な地方都市には、優秀な地域コングロマリット企業が必ず存在しています」と話す。地域金融機関や金融庁に勤めてきた日下氏の、現場観を踏まえたこの言葉を、著者は臨場感を持って聞いた。

日下氏は、地域コングロマリット経営が、今日の時流に沿う理由を４つ挙げる。

ひとつ目は地域の人々を守るという視点だ。都市圏だと企業と消費者ははっきりと分かれていることが多い。食べる人、作る人、というように。地方ではそれが渾然一体となっている。つまり地域で事業を営むことは、従業員の雇用を守ると同時に、その商品・サービスを利用する消費者の生活を守ることにつながる。

２つ目は税収の安定化だ。同じ人口規模で、地域コングロマリット企業のある地域と、

地域コングロマリットの売上分布

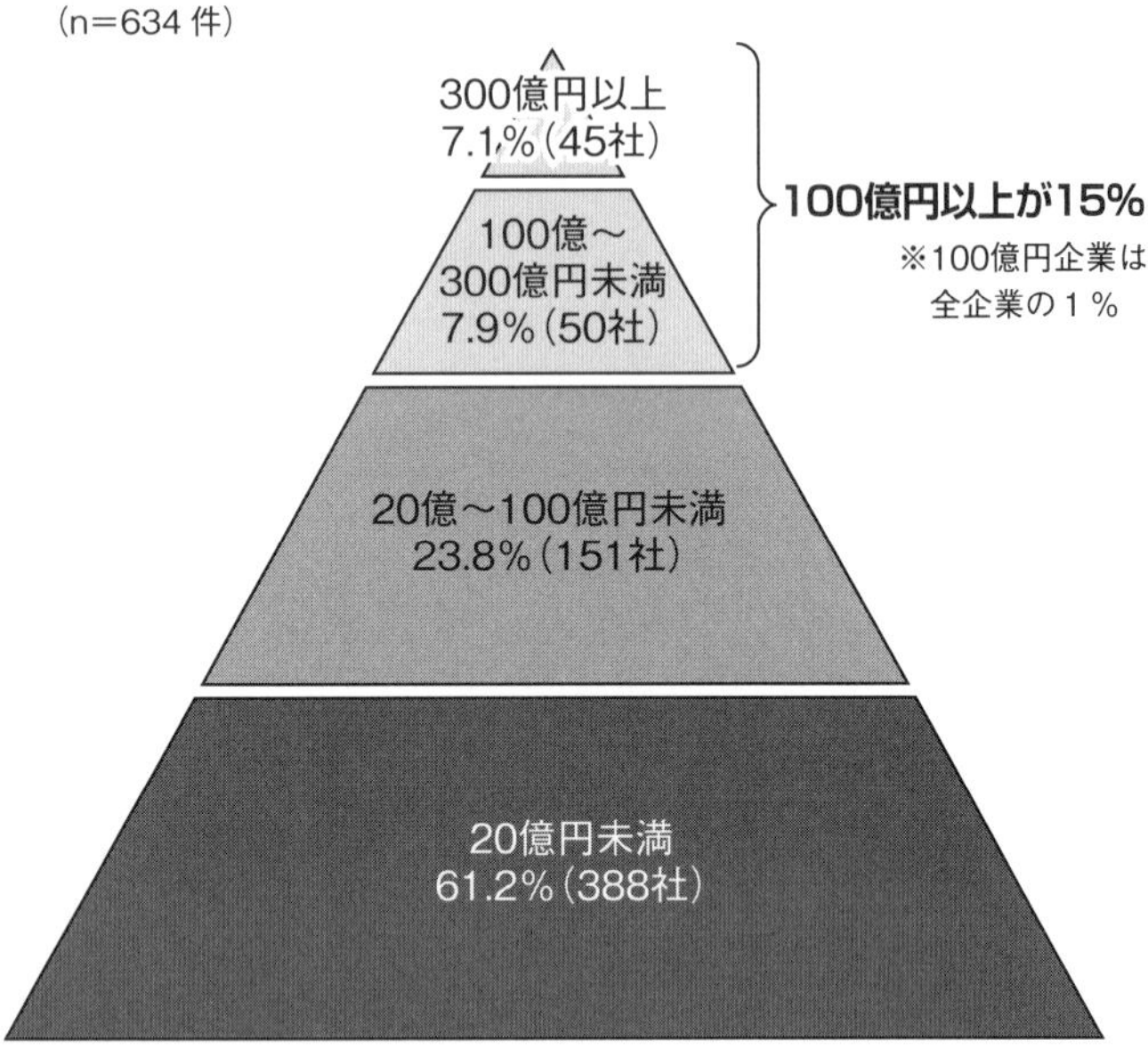

中核事業以外に異業種ビジネスを実施している企業を独自抽出
出典:東京商工リサーチデータ及び各社HPデータをもとに加工(船井総研調べ)

ない地域とでは、前者のほうが税収が安定するという。これは景気変動の際に、地域コングロマリット経営を行なっていれば資源配分などで対応がしやすいことなどによる。また、そもそも経営が安定しやすいことも理由に考えられると日下氏は話す。

３つ目は経営人材だ。経営能力の豊かな人材はそれほど多くいるわけではない。マーケットが大きくなっていた高度成長期であれば、度胸とやる気があればそれなりに成長できただろう。しかし顧客のニーズも多様化し、世の中が複雑化してきた今日では、真の経営人材が必要となる。多くの経営者がそれぞれの事業をやるよりも、経営人材が複数の事業をやるほうが成功確率は高い。

そして４つ目として、そんな経営人材だからこそ金融機関も融資しやすい。かつて金融機関は融資先の数で成績が決まるようなところがあった。それが現在は、しっかりとした経営人材に対し融資をして、事業を進めてもらうという考え方になってきている。そのため、本業とは異なる事業に進出したとしても、金融機関は以前よりも融資をしやすくなっている。また別の観点では、金融機関はＭ＆Ａの話を持ち込みやすい。他社から「売りたい」という話を受けた際には、地域コングロマリット経営の企業に相談してみようという気持ちになりやすいと考えられる。

これら地域、行政、経営者、金融機関という4つのポイントから、地域コングロマリット経営が時流に沿うと言うのが日下氏だ。氏の説によると、人口10万人の都市であれば、複数の地域コングロマリット企業が成長していけるという。

年間の売上が100億円を超える企業は、全企業のトップ1%と述べた。船井総合研究所が調べたところ、地域コングロマリット企業のうち、100億円を超える企業は15%である。その割合は、実に15倍もの差があるのだ。

意識的に地域コングロマリット経営を選択する

カリスマファンドマネージャーであり、ベンチャー投資家の藤野英人氏が提唱した「ヤンキーの虎」という企業・経営者像に、実際にコンサルティングをする中で出会うことが多い。

ヤンキーの虎とは「地方を本拠地にしていて、地方でミニコングロマリット（さまざまな業種・業務に参入している企業体）化している、地方土着の企業。あるいは起業家」だ。

ヤンキーの虎は、事業を成長させようという意欲が高く、積極的だ。そのため縮小していく地方のマーケットで成長意欲の乏しい企業は淘汰され、ヤンキーの虎たちは勝ちやすい状態になっていると藤野氏が２０１６年に指摘している。その成長は25年頃までは続くだろうと当時、予測を立てていた。その理由に挙げられていたのは、20年に開催予定だった東京五輪による好影響であり、25年に団塊世代が後期高齢者になることでの本格的な超高齢化社会の到来と人口減少だった。20年までは東京五輪景気という追い風があり、25年にはいよいよ高齢化が向かい風になるという予測である。

新型コロナウイルスのパンデミックにより多少の変動はあったものの、高齢化や少子化はシナリオどおりに進み、藤野氏のほぼ予想通りの変化がおきていると感じている。藤野氏は当時、25年以降はヤンキーの虎同士の食い合いが本格化するだろうと考え、より近代的な経営をする企業、より多くの人材を集める企業が勝つだろうと述べていた。この見解を著者は現場で直に感じている。そして第1章で述べたような社会の実状がある以上、25年と言わず、今まさに食い合いは始まっている。行きあたりばったりの経営では立ち行かなくなるのは目に見えている。

地域の猛者であるヤンキーの虎にしても、売上拡大を見込んで商圏を単純に広げればいいわけではない。昔はそれでもよかった。すでに競合がシェアを獲っている隣地に商圏を広げても、人口が伸びているために販売の余地があった。自動車が100台しか売れない商圏でも、月をまたげば101台売れるということがあり得たからだ。もしくは空白地帯すらあっただろう。ところが、むしろ99台、98台と減っていく時代においては、「度胸とやる気」だけで勝つことはなかなか難しい。

意識的な地域コングロマリット経営の選択。それが成長を加速させると同時に、経営の安定化につながると著者は考えている。

地域活性化と企業経営の好循環

地域を巻き込んで成長する

経営者と対話していると、多くの方が、拠点を置く地域に対しての想いを語ってくれる。

「地域が元気にならないと、自分たちも元気にならない。地域に貢献できるように事業化していきたい。地域を盛り上げていきたい」

群馬県に拠点を置くファームドゥグループの代表、岩井雅之氏もその1人だ。同グループは農業、流通、再生可能エネルギーの分野で、正に地域コングロマリット経営を進めている。23年現在、グループは5社により構成されている。

94年に株式会社ファームランドを群馬県箕郷町《みさと》にて創業したことから始まった同グループ。その後、順調に業績を伸ばし、07年には売上50億円を突破。13年には太陽光発電事業をスタートさせる。太陽光発電事業は同グループをさらに成長させ、17年以後は全体利益の80％以上がこれによるものだ。直近の22年にはグループで売上１４０億円、経常利益20億円を超えている。

成長もさることながら、注目すべきはその事業の中身だ。同グループは地域還流型ビジネスモデルとうたい、地域に貢献している。

まず生産者の顔が見える直売システムを構築し、首都圏の多くの消費者に向けて農産物を届けている。一般的な流通・販売ルートよりも仲介者が少なく、その分だけ利益率や流通スピードの向上が図れている。これにより４０００名の生産者収入を１・５〜２倍にアップさせることに成功している。

また、太陽光発電事業は約２００か所の発電設備を置くだけでなく、その架台の下で営農を行なうなど、地域の未利用農地を有効活用。またその土地の地権者約６００名への利益還元。さらにパネルメーカー、設備工事業者との連携、電力会社への売電など、ここから多様な活動が生まれている。もちろん納税により行政へ貢献していることは言うまでもない。こうして地域に還流する利益は約18億円にものぼる。

さらに、グループ全体では８００名近い雇用も生み出している。農業と福祉の連携にも積極的に取り組み、約65名の障がい者受け入れも行なっている。

農業は日本の中でもとりわけ高齢化が進んでいる産業だ。22年の基幹的農業従事者の平均年齢は68歳を超える。さらに耕作放棄地も増えるなど課題も多い。国内の食料自給率38％という点からも課題解決に取り組まなければならない。

岩井氏、そしてファームドゥグループが目指すものは３つある。「農業を支援し農家の所得向上に貢献する」「若者に夢のある新しい農業経営のカタチを創造する」「人と地球環境に貢献し安全で豊かな生活環境を創造する」。

産業の振興と地域への貢献からも同グループが担うものは非常に大きい。

地域コングロマリット経営が生む良質な雇用

地域コングロマリット経営は、地域の雇用を生み出すことにつながる。それはファームドゥのように著しい成長と志の高いビジョンによって求職者へ魅力を伝えることに成功しているという例もあるが、さらに他の見方からも地域コングロマリット経営が採用力に長けていると考える。ここでは3つ挙げてみよう。

ひとつ目はブランディングだ。愛媛県で総合レジャーや不動産事業を手掛けるキスケ株式会社を例に挙げよう。同社は創業時から70年黒字経営を続け、23年の売上は365億円となっている。

ボウリング、カラオケ、温泉、ホテルなどエンターテイメントを中心に据えて事業を展開しているが、売上利益の多くを占めるのはパチンコ事業だ。13年まではパチンコ事業が利益の8割を占めていた。そこから同社は不動産事業を成長させ、パチンコの利益は6割に。温泉施設や、スターバックスコーヒー、マクドナルドなどのテナント貸し事業を展開。また、東京ではオフィスビルを購入し貸ビル事業を拡大した。そして21年からは新規事業チャレンジ期とし、パチンコ事業が占める利益比率は4割となった。「パチンコの会社」から「総合レジャーの会社」といった打ち出し方に変えることで採用力を上げている。

2つ目はスキルアップだ。地域コングロマリット経営はスキルアップが図りやすいと言えるだろう。なぜなら複数事業を手掛けるために、自然と幹部ポジションが増えると同時に、多くの従業員が新規事業を手掛ける経験を積むことにつながる。もちろん、ただポジションに就けば成長するというわけでもなく、研修などの適切な人材育成の仕組みは必要だ。この点でも売上を増やすことで人材育成にかけられる予算を増やすという好循環が期待できる。昨今、関心が高まっているリスキリングの機会を提供することもできるだろう。人材育成の機会を提供し、スキル向上につなげられれば、労働生産性も高められるはずだ。

成長できる環境を用意できることは、特に若者に強く訴求できるだろう。これから成長していきたいという若者は多い。将来、経営人材になろうとする意欲を持つ人を募集することで、地域にありながら都心部の優秀な人材を採用できている話もざらだ。もともとは家族経営の零細企業だったが、企業規模が大きくなり、国立大学出身者を新卒採用できたという例もある。保護者にとっても子どもを安心して就職させられる。

こうして、グループ内には〝社長〟がどんどん生まれていくことになるのだ。

3つ目はプロモーションだ。地域コングロマリット経営は展開エリアを限定していることから、ある種ドミナントのような事業展開になり、広告費などを効率的に活用することが可能となる。1回のテレビコマーシャル、1回のチラシ、ひとつの看板……等々が、ひとつの事業だけではなく、複数の事業に効くようになっていく。結果、コストに対するリターンが格段に得やすくなる。

このように物理的な距離が近いことのメリットは、採用だけでなく、プロモーション効果にも現われる。

以上のように、ブランディング、スキルアップ、プロモーションという3つの点からも、地域コングロマリット経営による採用は他社に勝ると考え得る。採用や育成については第4章でさらに詳しく述べていく。

地域と社会の課題に取り組む

本章では、地域にとって強い企業がある意味について述べてきた。強い企業があることは地域を元気にすることであり、ひいては企業をさらに強くすることでもある。

本章の最後にもう一度、このことについて強調したい。

企業は地域と社会の課題を解消させられる存在である。そして規模が大きいほど、そのインパクトは大きい。そこで、著者は日本の企業の上位1％に入る年間売上100億円をひとつの目安として挙げた。

地域にとって、そのレベルの企業は頼れる優良企業であり、経営者は有力者となる。

このような企業、そして経営者のもとには多くの情報が集まってくる。M＆Aなどの提案が持ち込まれることも増えてくる。例えば、どの地域にもさほど大きくはなくても長年愛されてきた企業がある。その中には後継者不在で存続の危機にある企業もあるだろう。その場合に、引き受け手として頼られるということがある。既存事業との兼ね合いなど、さまざまな要素から検討する必要はあるが、優先的に話が持ち込まれることのメリットは決して小さくはない。自社の知らないところで競合企業が買い受けて、水をあけられてしまう可能性もあるのだ。

あるいは直接的には事業に結びつかないような、地域からの相談事が寄せられることもあり得る。

例えば夏祭りへの寄付といった比較的小さなものから、地元スポーツチームへの協賛といったやや大きなものなど。それが生まれ育った地域であれば、なおさらなくしたくない催し物や施設、環境などがあるはずだ。それらについて指をくわえて傍観するのではなく、より積極的に関われる立場になれる。子どもや孫に、誇りを持って語れることも増えるだろう。

強い企業があることで地域の経済、雇用、文化、生活など多様な方面で好循環をもたらすだろう。地域コングロマリット経営とは、そのうえで最有力の戦略だと著者は考える。

第4章

新規事業を第二本業化する

Regional Conglomerate Management

新規事業とは何か？

新規事業参入が増えている

本章からは、具体的な地域コングロマリット経営の進め方というテーマに入っていく。地域コングロマリット経営を進めるうえで、何はなくとも始まらないのが新規事業である。現在あるのが単一事業のみであれば、まずは新規事業をスタートさせなければならない。

日本は世界的に開業率が低いと言われる。中小企業庁の2022年版「中小企業白書」によれば、「各国ごとに統計の性質が異なるため、単純な比較はできない」という前置きはあるが、日本の開業率を「相当程度低水準」と捉えている。

開業率の国際比較

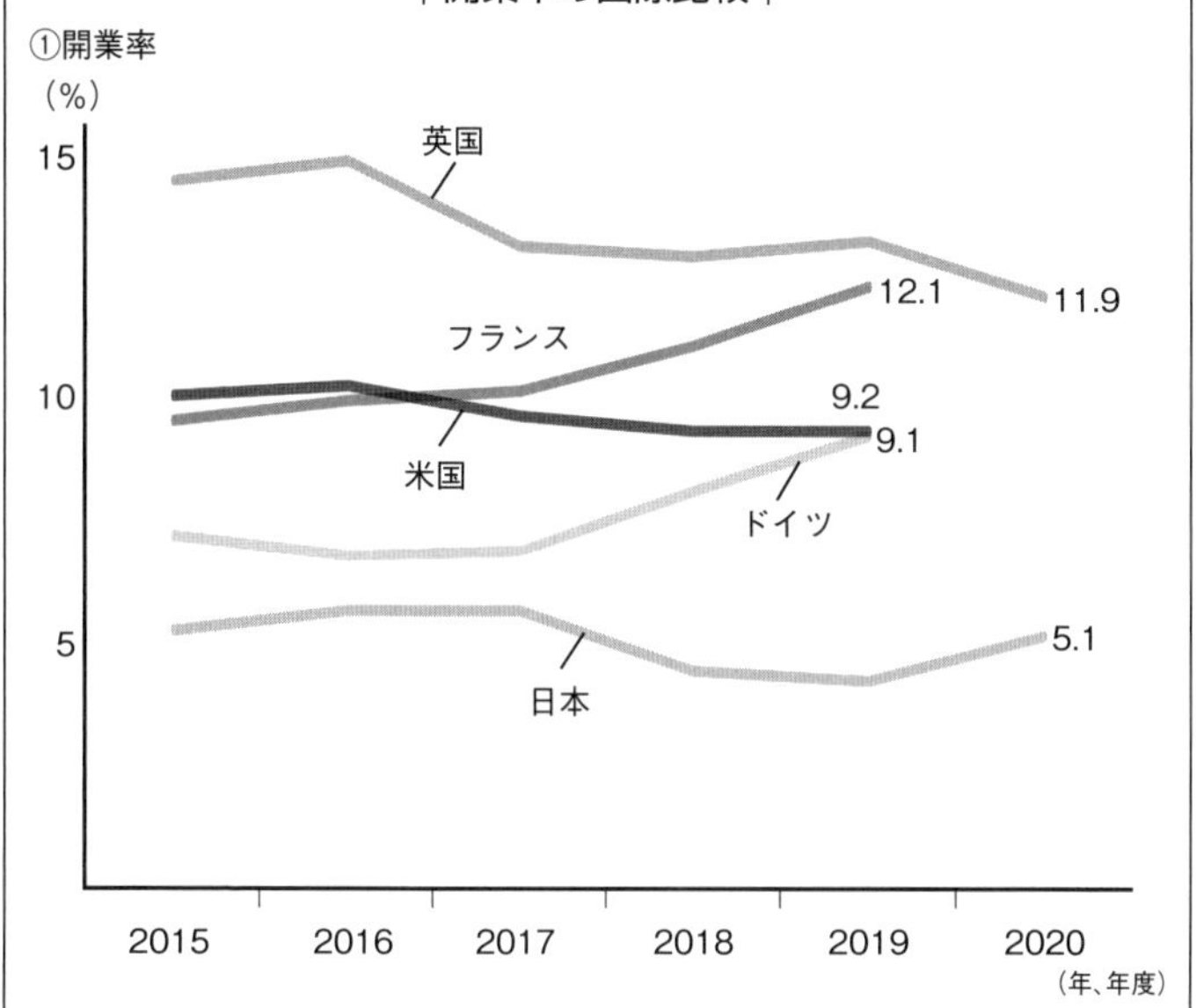

出典：中小企業庁『2022 年版中小企業白書』

次に、さらに細かに日本の開業率だけを見たのが１０１ページの上の図だ。

開業率は１９８８年度の７・４％をピークに下がっていたが、２０００年代はゆるやかな上昇傾向にあった。ヒルズ族などＩＴベンチャー企業に注目が集まった時代だ。あるいは起業への機運が高まっていた時代だとも言える。18年度、19年度は下がったが20年度はまた上がって５・１％となった。

これらのデータから、国際的には開業率の低い日本ではあるが、現在はわずかながら上がっていることがわかる。背景には政府などによる後押しもあるだろう。法人税は段階的に引き下げられ、89年に40%だった基本税率は、23年現在は23・2%となっている。また第1章で触れた、融資の際に金融機関が経営者保証を取らないという流れも、開業への大きな追い風のひとつだ。

ここまでは、あくまで開業という、新しく事業所を作るケースである。

一方でおわかりのとおり、あえて事業所を作らずとも新規事業に参入することは可能だ。だが、その現状を把握することは実際のところ簡単ではない。極端な話で言えば、夫婦経営の飲食店がレジの横で雑貨を売り出すという〝新規事業〟について統計的に知ることは難しいからだ。もちろん、本書が言うところの新規事業はこうした事業規模ではなく、雑収入のようなものは新規事業とは到底言えないことはわかっていただけると思う。本書は、売上30億円から100億円までの中堅予備軍が、売上100億円以上の中堅企業化していくことを目指している。そのためのものを新規事業と言う。

ただやはり統計的に、どれだけの企業が新規事業にチャレンジしているかは把握し難い。

開業率の推移

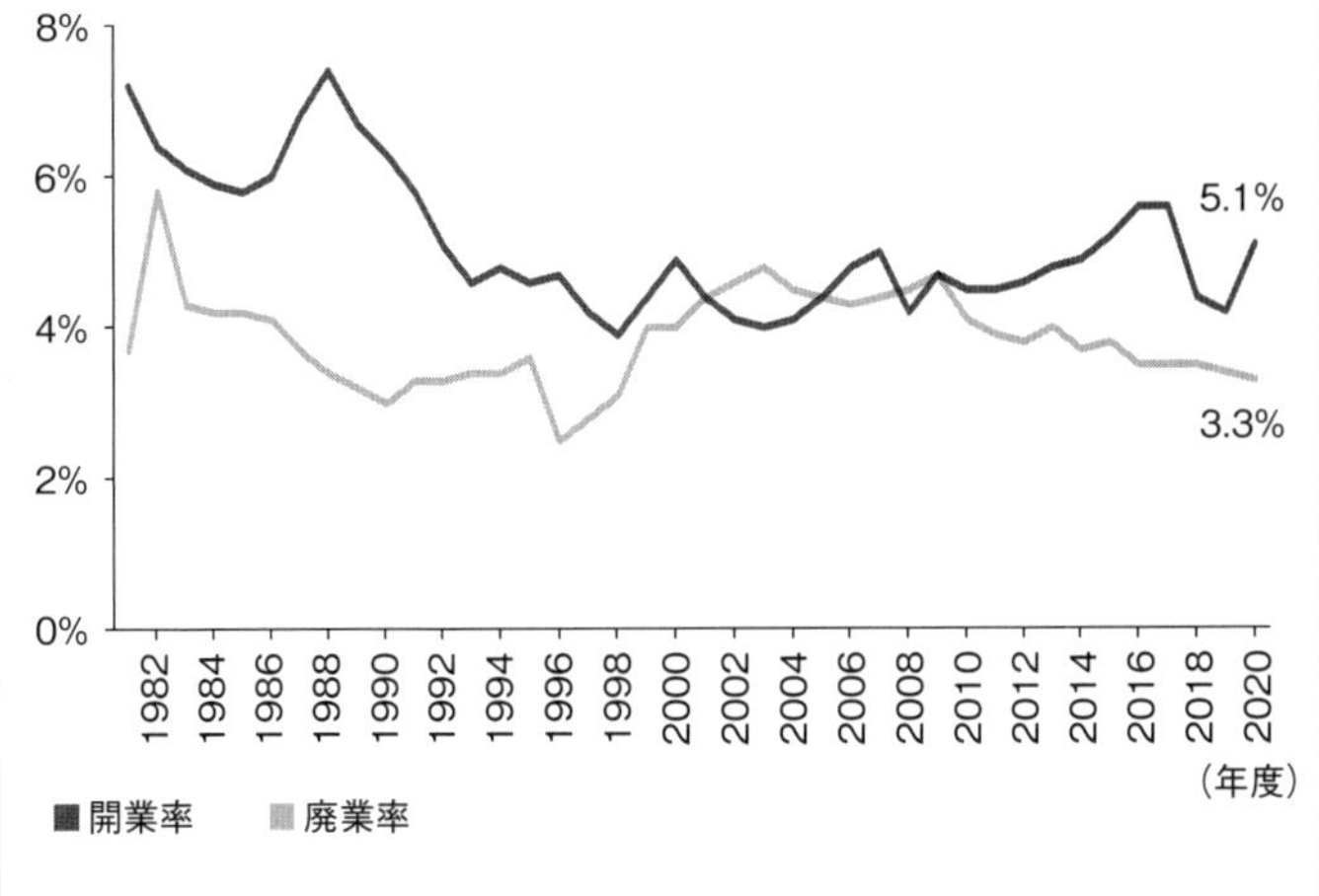

法人税率の推移

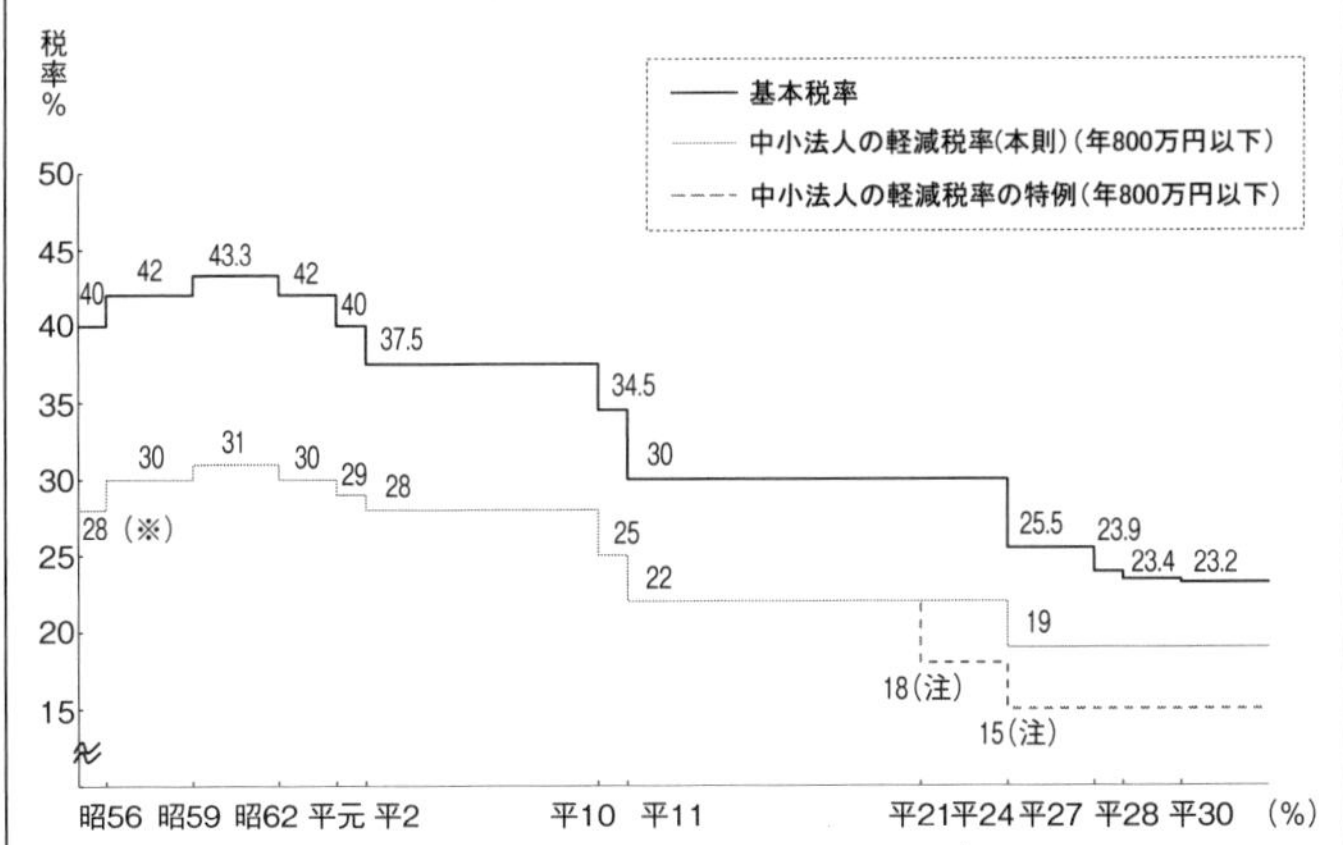

出典：財務省「法人課税による基本的な資料」

そこで、一例ではあるがフランチャイズビジネス市場からその一端を見てみたい。フランチャイズビジネスへの参入は、新規事業参入にも意味合いが近いからだ。一般社団法人日本フランチャイズチェーン協会によれば、その市場規模は99年には16・6兆円、09年には20・8兆円に躍進。さらに毎年、市場が拡大して19年には26・6兆円となった。この20年で10兆円も拡大した。複数店舗を運営するオーナー企業の存在や、業種特性による売上の幅など、さまざまな要因があるが、ひとつの参考にはなるのではないだろうか。

また著者の体感では、特にこの10年ほどは新規事業への参入が増えたように思う。

成長企業には新規事業がある

多くの企業が新規事業に参入するのは、率直に言って、それが成長につながるからである。逆に、成長企業では新規事業が次々と生まれているとも言えるだろう。

00年代から注目されてきたＩＴベンチャー企業のひとつに、サイバーエージェントがある。同社の22年度の売上高は７１０６億円、営業利益６９１億円。もはやＩＴ業界のみに収まることなく、多方面に成長している。この成長の秘訣が、新規事業の創出であることは間違いない。同社では社内的に新規事業の提案、決議を定期的に行ない、22年9月までに37の子会社を設立し、そこからの累計売上高３６３９億円、営業利益４９７億円を生み出している。

新規事業に乗り出している企業は、もちろんＩＴ業界だけではない。

トヨタが街づくりに乗り出すというニュースが話題となったのは20年のこと。「トヨタの街づくり」という構想に驚いた人も少なくなかっただろう。トヨタがつくる街は、自動運転といったクルマに直結する技術研究の場となる他、住宅や緑地なども設け、モビリティ（クルマや移動手段）を拡張していく実証の場にするといった目的があるという。トヨタは、ある種クラシックな自動車業界という枠をとうに飛び出しているのだ。

スーツ販売で知られるＡＯＫＩグループもまた、業界の枠を飛び出した企業だ。紳士服の外商として創業し、ビジネススーツなどを中心としたファッション事業で業績を伸ばしてきた同社。01年には連結売上高７２５億円となった。ところがビジネススーツの需要はだんだんと落ちている。背景にあるのは働き方の多様性であり、カジュアルな服装で働く業界も増えていることだ。総務省の「家計調査」によると、１世帯あたりのスーツ購入額は00年から20年にかけて7割も減った。では同社の業績が落ちたかと言えば、そうではない。22年の連結売上高は1549億円と、約20年で2倍となった。業績拡大の牽引役は、同社の新規事業であるエンターテイメント事業だ。同社は98年からエンターテイメント事業に乗り出し、03年からはコミックやインターネット、カラオケやダーツ、ビリヤードなどを楽しめる複合カフェ「快活CLUB」を展開。かつてAOKIとしてビジネススーツを販売していた店舗が、これに置き換わったという例も多い。ビジネスパーソンの服を売っていたAOKIが、ビジネスパーソンの憩いの場を売るようになっていたのだ。22年の連結売上高に占めるエンターテイメント事業の割合は36・1%。これはファッション事業の56・1%に次ぐ。

16年に、中小企業庁は野村総合研究所に委託し、アンケート調査を行なった。これは新事業展開の取り組みを実施している企業と、実施していない企業とに経常利益率を聞いた調査だ。新事業展開とは具体的には、新市場開拓戦略・新製品開発戦略・多角化戦略・事業転換戦略の4つだ。これについて約3000社から回答があり、その結果は、いずれの取り組みでも新事業展開を実施している企業は、実施していない企業に比べ、経常利益率は増加傾向にあった。

持続的な成長のためには、新規事業への参入は欠かすことができないのだ。

「売上高の方程式」から見る新規事業の必要性

新規事業の必要性については、船井総研の「売上高の方程式」からも説明することができる。

次に挙げるのが、売上高の方程式である。


売上高＝マーケットサイズ（何を）×商圏人口（誰に）×シェア（どのように）

この式には、業績を上げていくための要素が凝縮されている。

「マーケットサイズ」とは市場規模を意味し、どの程度の可能性を持った商品・サービスを扱うのかということだ。その商品・サービスが１０００億円の市場規模なら１％のシェアでも10億円だが、１億円なら１００％のシェアを取っても1億円でしかない。そ

企業の成長曲線

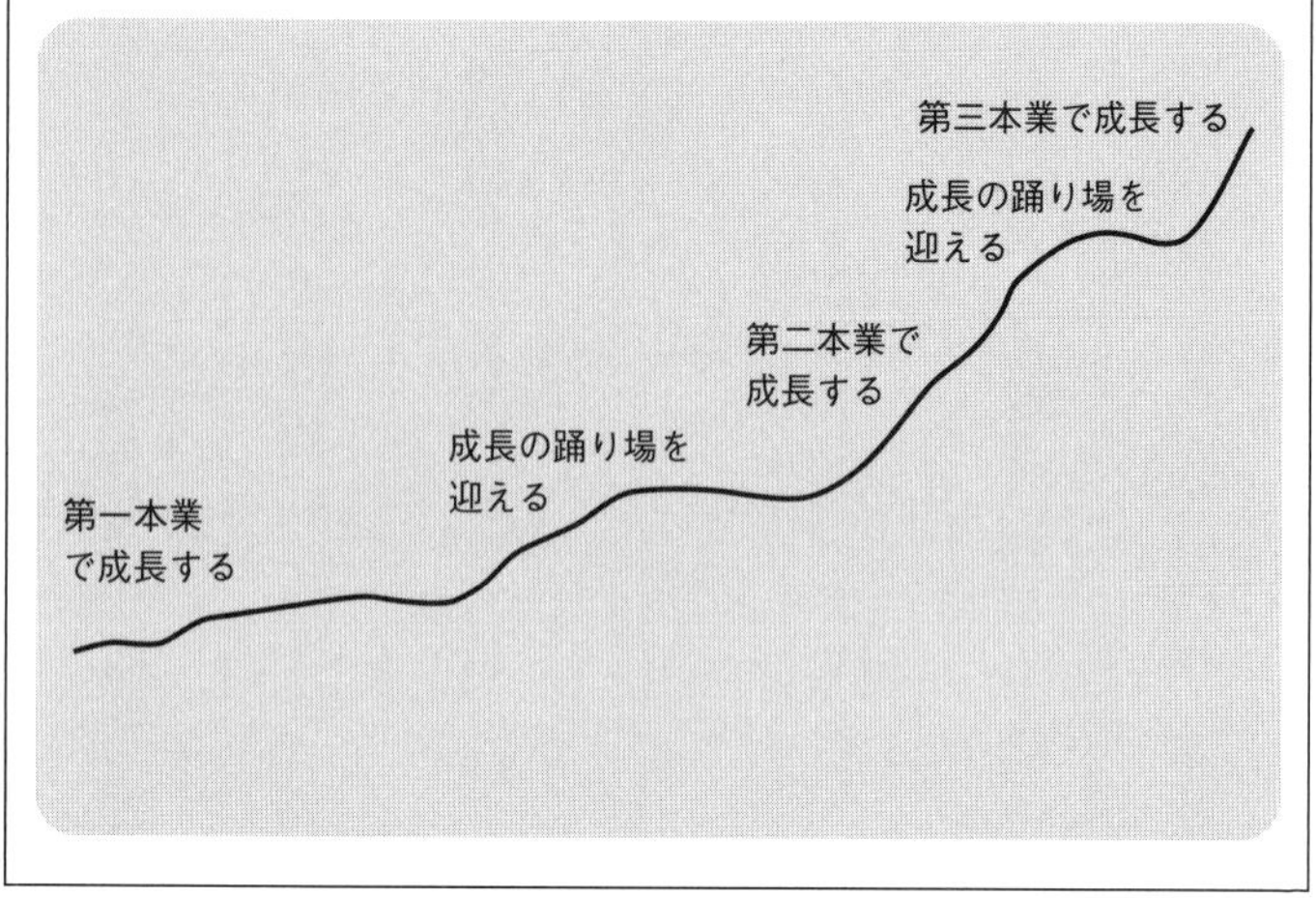

こでまず、マーケットサイズを見極めることが大事になる。

次に「商圏人口」とは、誰に売るのかということ。誰とは、どこにいる、どのくらいの数の人かといったターゲットエリア・ターゲット顧客である。これもマーケットサイズと同じ考え方で、商圏人口が多いほど売上高に対する影響は大きくなる。

そして最後が「シェア」、つまり占有率だ。船井総研では基本的に、そのマーケット・対象商圏で1番を獲ることに向けた支援を提供している。1番になることで、売上高への直接的な影響がある。さらに「マーケットで1番」「エリアで1番」と対外的にアピールもできる。

新規事業参入の緊急度チェックシート

	7つのチェック項目	Check
1	10年後も「既存事業のみ」で2桁成長していける見通しがある	
2	直近3か年の売上成長率は110%以上である	
3	直近3か年の従業員数の成長率は110%以上である	
4	直近3か年の従業員離職率は5%以下である	
5	既存事業の営業利益率は10%以上である	
6	人材採用の「質」は年々上がっている	
7	自社は学生にとって、いわゆる「人気業種」だ	

このマーケットサイズ、商圏人口、シェアという3要素を掛け合わせることによって売上高は決まるというのが、売上高の方程式の考え方だ。

そして、この方程式にあてはめれば、売上高の最大値もある程度決まってくることはわかるだろう。マーケットサイズと商圏人口には、それぞれに上限があるため、一定以上のシェアを取ると、必然的に伸び悩む。成長の踊り場を迎えた事業は、そこで次の一手が求められる。その際、従来のオーソドックスな経営戦略は、商圏人口を拡大させることだった。拠点を増やすことで商圏を広げ、ターゲット顧客を増やしたのだ。

ところが人口減少時代においては、この効果は乏しい。そこで選ぶのが、新規事業への参入ということになる。マーケットサイズも商圏人口もシェアも変わらないため、新たな方程式のもとに事業を組み込むのだ。現状の事業の成長が鈍ければ、早急に新規事業参入に乗り出すべきだろう。

参考までに新規事業参入の緊急度について、チェック項目を挙げた。7項目で、ごく簡単な目安ではあるが、参考にしてみてほしい。もしも2つ程度しかチェックがつかないのであれば、今すぐにでも検討を始めたほうがいい。

新規事業は失敗確率が高いのか？

しかし、新規事業と言えば「失敗がつきもの」という先入観もあると思う。

先に挙げたような企業がすべての新規事業で成功を収めてきたかと言えば、もちろん違う。新規事業はその9割が失敗するとも言われている。新規事業を軌道に乗せることは簡単でないと思われがちだ。ただ著者は、これは少し違うと考えている。新規事業には誤解が多い。特に次の2つに代表されるものだ。

ひとつは、「新規事業とは革新的事業だ」という誤解だ。

いわゆるゼロイチの事業であり、度重なる研究開発の末に生まれた事業ばかりをイメージしていないだろうか。先ほどのトヨタの街づくりのような例だ。確かにこれらはキャッチーではある。

しかし、革新的であればあるほどに成功することは難しい。また、途中まで成功していたり、これから先に成功する可能性が見えていても、資金が尽きれば撤退を余儀なくされる。

本書で言う新規事業は、こうしたゼロイチのビジネスだけを指さない。本書では、「**自社にとって新しい事業**」も新規事業と呼び、むしろそちらのほうが中小企業にとって大事だと考えている。つまりは、すでにあるビジネスを取り入れるということだ。

もうひとつの誤解は、「新規事業とは経営者の趣味だ」というもの。

経営者が本業とは関係のない事業に取り掛かろうとするときに、従業員にはあまりに突飛に見えることがある。あるいは常々、経営者が関心を持っている分野を知っていれば、それがただの「趣味の仕事化」にしか見えないこともある。

ゴルフを趣味とする経営者がインドアゴルフ事業を始めたり、キャンプを趣味とする経営者がグランピング事業を始めたりするような例だ。これらを本当に事業化しようと考え、熱を注ぐ経営者がいる一方で、失礼ながら正に趣味のように中途半端な経営者がいることも事実である。新規事業は特に時流に合うものが選ばれることも多いために、はたからは「流行りものに飛びついた」とも見られやすい。心ある経営者であれば自らの趣味にかまけるような事業には飛びつかないはずだが、経営者仲間から「グランピング事業は趣味で始めたのですか?」と実際に言われたといった話も聞く。

おわかりのとおりで、この2つ、革新的事業も趣味のような事業も、失敗につながりやすい。そして事実、失敗し「新規事業は9割が失敗する」に類する話が至るところでささやかれる。特に前者は、大手企業の撤退などはマスコミで取り沙汰されやすく、新規事業は「失敗がつきもの」という刷り込みにもつながっていると著者は考えている。

逆に言えば、新規事業の失敗確率が高いというのは、その程度の単純な理由に過ぎない。新規事業とは、必ず革新的なゼロイチ・ビジネスに乗り出さなければならないことだろうか。いつも遊びのようにしか事業と向き合っていない経営者ばかりなのだろうか。これらの前提を取り払ったとき、**新規事業への参入とは、確実性の高い経営戦略である**ことが見えてくる。

手前味噌ながら、船井総研では「ズバリソリューション」という、短期間で業績を高めるための旬のビジネスモデルを提案してきた。成功モデルをパッケージとして磨き上げ、これを実行支援することでフィーをいただいている。ソリューションを導入した企業は成長を果たし、船井総研もまた、ともに成長させてもらった。これらは、言ってしまえば革新的でもないが趣味的なものでもなく、しかし間違いなく、導入した企業にとっては新規事業だった。本書で「新規事業の失敗確率は高い」は誤解だと言うのは、これらの実績から得てきた実感でもある。**やり方さえ間違えなければ、新規事業の確実性は高い**。

では、そのやり方とは何か。多くの事例から見出した、中小企業における新規事業参入の鉄則などを次項で紹介していこう。

中小企業の新規事業参入の鉄則

企業規模による新規事業戦略の違い

新規事業参入は、企業規模によって大きな違いがあることを理解しておこう。中小企業には中小企業ならではの、新規事業参入の鉄則がある。

最初に大手企業の傾向を押さえておきたい。

大手企業は得てして研究開発を必要とするような新規事業を選ぶ。昨今で言えば、宇宙ビジネスなどはわかりやすい例だ。正に革新的事業にあたる。もちろん宇宙ビジネスのスタートアップも数多くあるが、大手企業の場合は資源調達の優位性をテコにしやすく、取り組みやすいと言える。専任者を置きやすく、たとえ失敗したとしてもその経験を他に活かしやすい。また事業の目的を、収支の帳尻を合わせることだけに置かず、幹部育成のために参入するということもあり得る。

これをライフサイクルの観点から見ると、大手企業の新規事業参入とは、正にその導入期から育て上げていくということが多い。

巷に多くある事業開発に関する書籍なども、こうした導入期の研究開発や新しいアイデアの発想に重点が置かれることが多いだろう。事業のタネをいかに見つけ、育てていくかといった考え方だ。

繰り返すが、本書が言う新規事業とはこれに留まらない。そして、むしろ中小企業が、こうした研究開発的なものに取り組むことは勧めない。

その理由は詰まるところ、**大手企業と中小企業の経営資源の差**という1点に尽きる。人材、ノウハウ、資金、マーケットシェア……。中小企業は一般的に、いずれも大手に劣ってしまう。特定のポイントで勝っていても、総合力では厳しい闘いとなってしまう。研究開発のための資金調達も、貴重な人材をそこに専任させることも難しい。失敗したときに本業に与えるダメージも大きいと予想され、経営自体が危うくなる可能性もある。

まず企業規模により新規事業戦略が異なるということは大前提となる。そのうえで、中小企業における新規事業参入の鉄則は次の4つだ。

鉄則① 時代を先取りするな

第一に、中小企業の新規事業参入では、時代を先取りしてはならない。

先に述べたとおり、大企業ではライフサイクルの導入期にあるものに手をつけ、そこに経営資源を投入していくことが多い。そして、これを中小企業が真似をすることは危ういと述べた。導入期どころか、成長期の始まりくらいのものに手をつけることも勧めない。

また、これもよくある参入方法だが、他社が育て、ようやく成長期に入った事業を早々と見つけ、自社の事業として拡大させるというものがある。ドラッカーの言う創造的模倣だ。これについても中小企業には勧めない。やはり資本力がものを言う部分があるためだ。

著者が勧めるのは、**顧客ニーズが顕在化しているビジネスへの参入**である。成長期の真ん中にあるようなものを勧めたい。「時代を先取りしたビジネスは大手に任せる」と

事業のライフサイクル

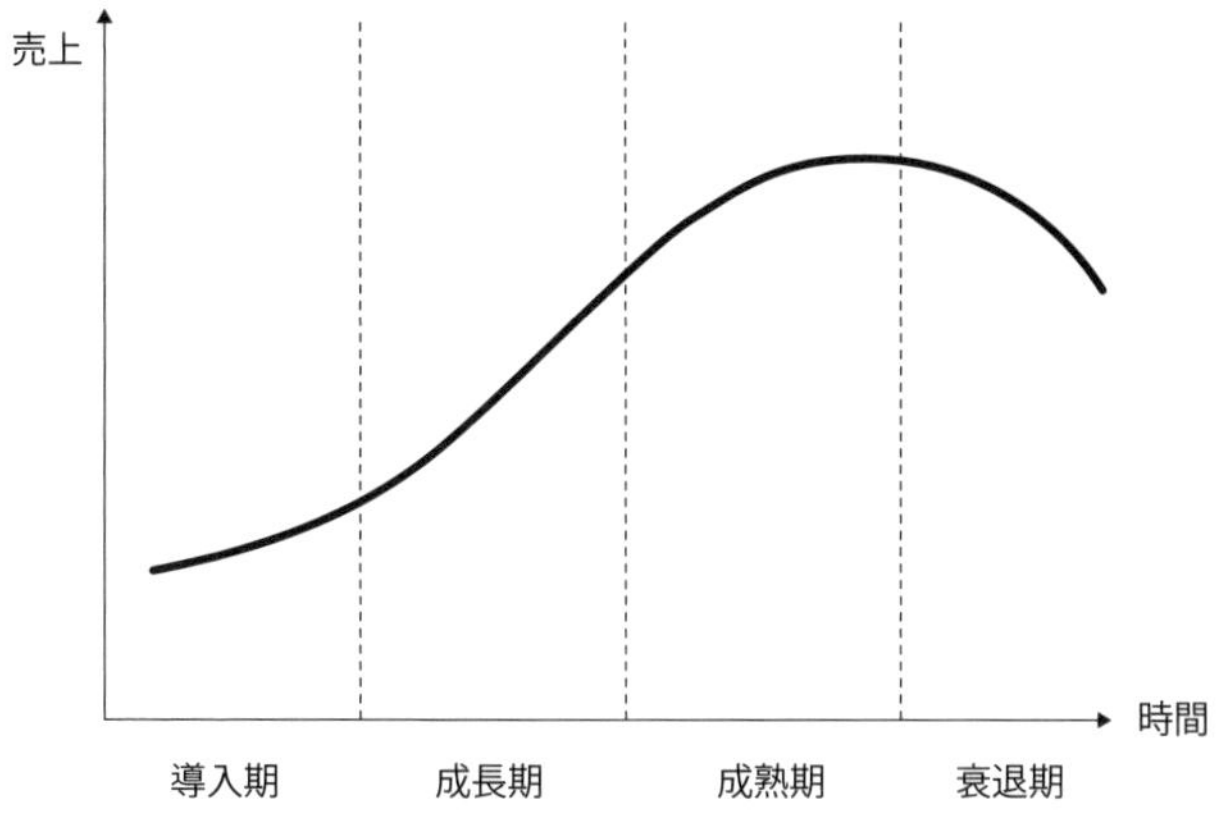

いうくらいの気持ちでいたほうがいい。

導入期に参入したほうが、市場の成長幅も大きく魅力的ではある。やはり市場規模が大きいことが理想的だ。しかしコストは大きい。成長期の真ん中あたりからの参入でも、成長の余地はまだまだある。特に、都心のビジネスモデルを地域に持ってくることで、その地域で時代を先取りすることは十分にできるだろう。

ただし、すでに都心で流行のピークを迎えていたり、地域でも浸透し切ってしまったようなビジネスモデルに手を出すのは避けたほうが無難だ。これは、ライフサイクルで言う成熟期にあるビジネスにあたる。地域の企業が「今さら」と思われるビジネスに参入して失敗するケースも、わりとある話である。

これを見極めるには、例えば、繁華街や目抜き通りから1本も2本も奥まった二等立地にそのビジネスモデルを目にするようになったら、果たしてその後参入したところで成長できるかは怪しいところだ。

鉄則② 事業アイデアは創造するな

第二に、事業アイデアは新たに生み出すものではないと考えたほうがいい。**事業アイデアとは、創造するのではなく選択するものだ。**

無論、ゼロから事業を生み出せれば、イノベーターとして圧倒的な利益を享受できるだろう。業界の開拓者として、市場でも優位に立てる。内容によっては社会的にも注目され、自己顕示欲も満たされるかもしれない。

しかし、そのような想いは忘れてもらったほうがいい。

事業アイデアを創造していく過程を少し考えてみてほしい。

例えば、あなたに何か新たな事業をやってみたいという想いがあるとしよう。そこでアイデアをいくつか考えてみる。情報収集や市場調査をして、それをさらに具体化。「なかなかよさそうだ」とほくそ笑む。ただ、それが本当に自社に合うかはわからない。そこで企業コンセプトに照らし合わせる。企業理念やパーパス、ミッションなどが企業コンセプトにあたる。これがなければ、新たに打ち立てなければならない。こうして、企業コンセプトに照らし合わせ、ようやくあなたのアイデアは企画書へとまとまった。すると次は社内会議だ。反対者が出ないように根回しも必要だろう。事前に話をし、説得を重ね、いざ会議に臨む。そうしてひやひやしながら、企画書を通す。1回で終わればいいが、企業によっては何回もこれが繰り返される。そして事業として進めることが決まったところで、次は具体的にプロジェクトメンバーとの会議を重ね、物件を探し、設計施工……。最終的にスタッフ研修を行ない、ようやくアイデアが形となる。疲れもあるが、このときの充足感はひとしおだろう。

さて、ここまで手間を重ねたその事業は成功するだろうか。そんなことは誰にもわからない。「新規事業は9割が失敗する」のだ。では、これほどの手間とコストをかけるべきだろうか。コストと成果が釣り合わない、というのが日本企業の多くが新規事業参入にためらう大きな理由だ。

そうであれば、コストの少ない参入方法を「選択」すればいい。事業アイデアはすでに世の中にある。そこから、自社に合うものを選び取ったほうがどれほど効率的か。すでに世の中にある事業アイデアなら、商圏人口により選択基準もわかりやすいだろう。調査の手間も減り、需要が見えているために稟議もスムーズで、事業開始後のリスクも低い。

鉄則③ ローカライズが肝

事業アイデアは至るところにある。隣県から都心、さらに海外など。もっともインパクトが大きいのは、まだ地域では競合のいない、海外のビジネスモデルを持ってくることだろう。しかし、単に海外のものを持ってきたところで地域に受け入れられはしない。**その事業アイデアを地域にすり合わせていく必要がある。**つまりローカライズだ。

ローカライズの例として、女性専用のフィットネスクラブの「カーブス」を挙げよう。カーブスは90年代にアメリカで生まれ、日本には２０００年代に上陸した。カーブスは運動習慣のない女性向けで、その点で敷居の低さに特徴があった。しかし、アメリカのものをアメリカ的なままに提供すれば、多くの日本人にとってはやや目線の高いサービスに感じられてしまう。そこで日本では、コンセプトを「井戸端会議」に寄せた。「トレーニング」ではなく「憩いの場」に、「フィットネス」ではなく「健康体操」に。目的を変え、あえてオシャレさを薄めたのだ。そのために看板ひとつとっても、アメリカ風のデザイン性あるものではなく、親しみやすさを打ち出している。結果的に日本のカーブスは、運動習慣がなかった日本の中高年女性向けのフィットネス市場を開拓することに成功した。

これは海外から日本へのローカライズだが、日本国内の場合、例えば味つけを調整するというのもよくある話だ。有名なところでは日清食品の「どん兵衛」が、東日本と西日本で味を変えているのもローカライズである。ある地域で流行っているレシピをそのまま再現したところで、別の地域で受け入れられるとは限らない。

ローカライズは、第三の鉄則である。地域企業として地域の特性を知っているという強みを活かしていこう。

鉄則④　まとまりを意識した新規事業参入を

第四の鉄則は、まとまりを意識することだ。

新規事業はともすると、バラバラで何の関連もなく、まとまりのないものになりがちだ。しかし、成功している企業を見ていると、実は何かしらの共通項を持って事業を行なっていることがわかる。

例えば、カフェをやり、焼肉屋をやり、となるとまとまりがないように思われるかもしれないが、フランチャイズビジネスの場合は事業を増やしても責任者は1人でいい。また、観光立地に特定のスイーツを専門的に扱う、単品スイーツ専門店というビジネスモデルがあるが、1店舗目がプリンで、2店舗目がチョコレート、3店舗目がケーキにしたところで、それほど経営資源が分散するわけではない。それぞれカテゴリーが同じだからだ。

さらに地域コングロマリット経営という点では、地域内にまとめることは非常に重要になる。これは資源調達とマネジメントの観点からメリットが大きい。離れた地域で急

新規事業の段階的参入

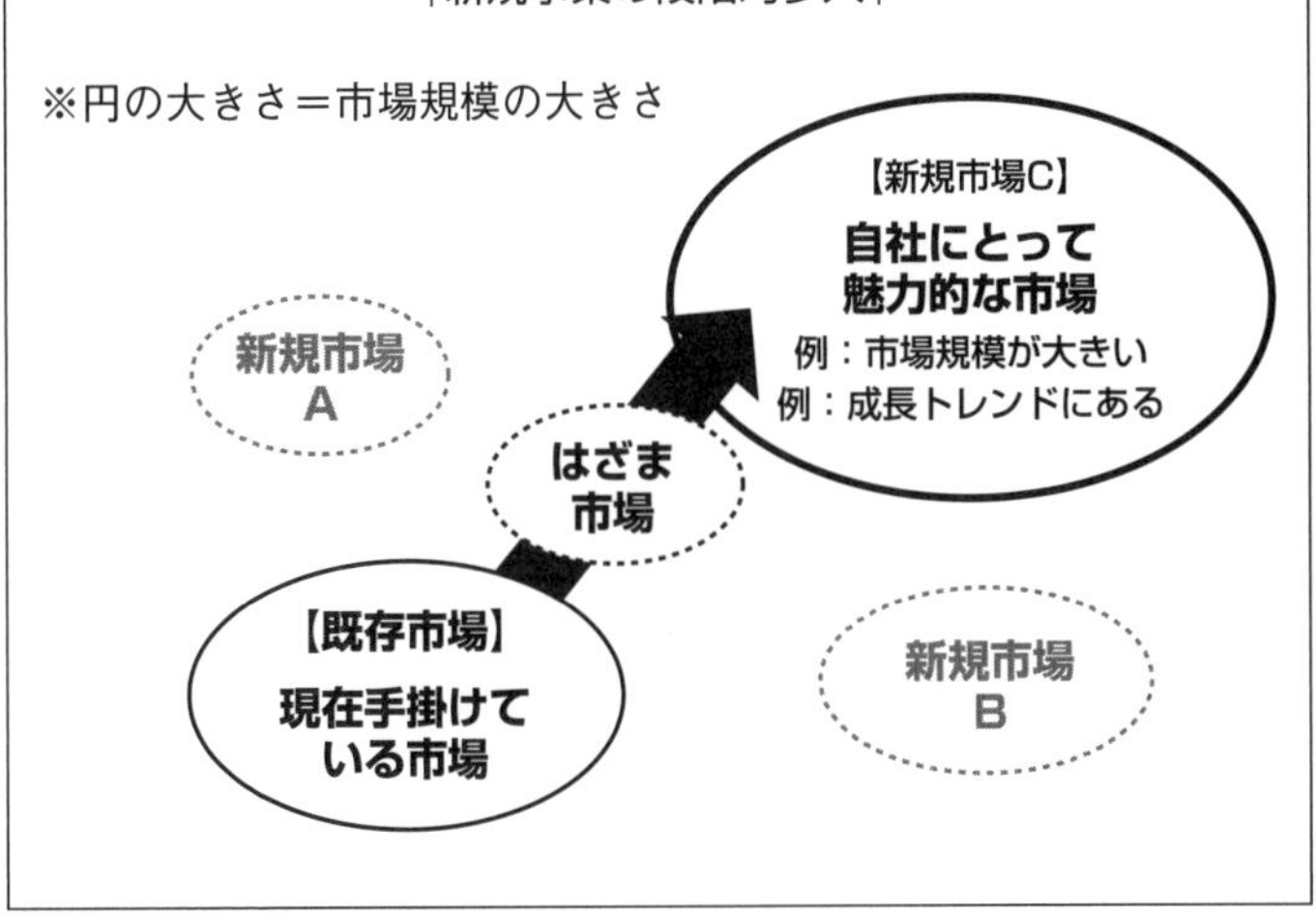

に新規事業を始めるとなると、管理は行き届かず、人材も集めづらいということが起こりやすい。

また、やや違った観点になるが、企業の成長ビジョンに合っているかどうかというのも大事だ。あまりにもカラーの違う新規事業に取り組むのは、まとまりがない。節操がないように見えることをおそれる必要はないが、説明できる根拠もなく、本当に無節操だというのでは信頼を得にくいだろう。

まとまりを考えるうえでは、段階的に広げていくのもいい。既存の事業と、新たに参入したい事業とが乖離していることもあるだろう。その新規事業は市場規模が大きかったり、成長トレンドにあるなど魅力的な市場だとしよう。しかし、そこで一足飛びに未経験の事業に参入すると、苦戦する可能性がある。その場合は、既存事業と新規事業のあいだにある狭間事業から始めてみる。

例えば、家具店がリフォーム事業を展開したいとなれば、家具の修理事業を挟んでから、リフォーム事業へと展開することで、スムーズに参入できる。

新規事業参入への経営判断

このように、中小企業の新規事業参入における鉄則は4つある。

まずは、すでに世の中にある事業から、市場規模も成長の可能性も見えているものを選ぶ。選択肢は多岐にわたるはずだ。海外や都心、隣りの県や遠くの県……。モデルにできる事業はさまざまにある。それをさらにローカライズやまとまりを意識して磨き上げることで、事業は堅実なものになっていく。

このとき、事業導入、資金調達、組織整備の手法について3つの大きな経営判断がある。

事業導入の手法とは、自前で事業を始めるのか、社外の資源・ノウハウなどを元に始めるか。

資金調達の手法とは、株式市場から得るか、融資等から得るか。

組織整備の手法とは、各事業をホールディングスによりまとめるのか、独立収支とするか。

いずれも方法論のようなもので、新規事業の入口を述べている本章ではやや細かくなるため、まとめて第6章で後述する。

ただし事業導入の手法は、新規事業参入を検討する際にあらかじめ知っておいたほうがいいと思われる。そのため、本章でも少し触れておきたい。特に、事業を始めるにあたって、自社の資源からすべてをひねり出そうとするケースがあまりに多く見受けられることにはやや疑問がある。

鉄則②で、事業アイデアは創造するのではなく選択するものだと述べた。これに何ら違和感を抱かなかった企業でも、いざ事業推進となるとノウハウを創造し始めてしまうことがある。「○○が流行し出しているから始めてみよう」と考えたところまではいいにしても、そこからやり方を研究し出してしまう。先行企業を調査して、事業のエッセンスを抽出するところから始めていては、結局、コストがかかって仕方がない。加えて、それを誰が調べるのだろう。担当者がそれに割く時間があるのか、考えてみたほうがいい。

これは自前の経営資源で、事業を導入しようとするときに起こり得る。

事業導入においては、他に社外の資源・ノウハウを活用するという選択肢がある。つまり、M&Aやフランチャイズの活用だ。M&Aにより適当な事業を買えば、イチから事業を生み出すよりも格段に早い。フランチャイズに加盟すれば、本部で研究し尽くしたノウハウを学ぶこともできて利益も上げやすい。

特にM&Aは昨今、市場が非常に伸びていることは第2章でも述べた。TRANBI（トランビ）やBATONZ（バトンズ）など、マッチングプラットフォームも整い、個人でもM&Aが可能になっている。

地域コングロマリット経営では、M&Aにより規模を広げていくという事例は多い。広島県で自動車販売を行なう広島マツダは22年1月に、お好み焼き店「みっちゃん総本店」を運営するISE広島育ちの全株式を取得した。広島マツダは以前から、自動車販売以外の事業へも参入しており、その一環だ。

地域にある企業が、地域の文化を守り、そして広げる。こうしたストーリーは共感を呼びやすいという点でも、結果的に新規事業参入の成功確率を上げることにつながると考えられる。

業種という垣根を越え、新規事業に参入していくことの意義を教えてくれる一例であり、これこそ地域コングロマリット経営の本領発揮だと考える。

第二本業化で成長を加速させる

新規事業の収益貢献度を高める

新規事業に参入した後は、それを成長させていくフェーズに入る。

ひと言で表わすと「第二本業化」ということになる。

第二本業化とは、既存事業を第一本業としたときに、それに次ぐような収益貢献度のある事業に育て上げていくということだ。売上はそれほどでなくても、利益率が高い事業であれば、収益貢献度は高い。経営の柱となるような事業を増やし、企業・グループとしての高収益化を実現していく。それでこそ、新規事業に参入する意義は大きくなる。

逆に新規事業が小さいままでは、それほど効果は発揮されない。

そもそも日本企業には人口減少という課題から、既存事業で顧客数を増やしていくことも、人材を集めていくことも難しいという状況があり、そのために地域コングロマリット経営が有効となると述べてきた。

新規事業が小さいということは、企業として成長していないということであり、意味がない。それどころか、ただでさえ少ない人材や資本をそこに投入するため、経営資源が分散し、本業の成長スピードを落とすことにもなる。

地域コングロマリット経営とは、たとえ小さくとも新しい事業を作り、それを増やすことで売上を確保するといった考え方ではないのだ。小粒な事業をいくら増やしたところで、それが企業に資することはなく、むしろ足を引っ張りかねない。

ただし、自社にとって何が第二本業になっていくかは予想がつかないところもある。

そのため、第二本業化できる事業を早くに見出し、PDCAを回していく必要がある。事業参入を決め、実行し、検証して、さらなる追加投資をする。このサイクルに1年もかけているようでは、正直なところ遅い。特に変化の著しい昨今では、そのペースではあっと言う間に抜かれていってしまう。スタートが遅れるほどに環境は悪くなる。「果報は寝て待て」ということはない。迷っているうちに他社が参入していく。そうして結局、地域内でのシェアが奪われてしまったり、好立地の物件がなくなっていたりもするのだ。第1章で述べたような経営環境の変化に、今後、地域企業の勢力図は大きく変わることが予想される。今日の王者が、明日には転落していてもおかしくはない。次々とプレイヤーが入れ替わる中で、その波に乗っていくためにも、素早く参入して検証していってほしい。早い決断、早い参入、早い検証、そして早い実行。まずはクイックスタートこそ勝ち筋だ。

第一本業の足腰は強いか

第二本業化を進めるうえでは、そもそも第一本業の足腰の強さも大事になってくる。新規事業への参入と、その第二本業化を勧めはするものの、第一本業の仕組み化ができていなければ経営資源は分散する。仕組み化とは、経営者がそれほど目を光らせていなくても、高収益が上がる体制になっているということだ。それができていないということは、本業が本業として成り立っていない。「将来の経営幹部が育っていない」「ロイヤリティの高い顧客をつかめていない」「各所にムリ・ムダ・ムラがある」「経営が安定していない」……。こうした課題があるとすれば、まだまだ本業に成長の余地がある。厳しい経営環境にケチをつける前に、すべきことはあるだろう。

実際、こんなことがあった。

新規事業を始めようとする経営者との打ち合わせの最中、彼のスマートフォンに電話があった。顧客からのクレームだと言う。彼はきまり悪そうに「困ったものですよね」と額の汗を拭いた。そして打ち合わせを再開しようとすると、すぐさま別の電話が入った。「すみません」。これも顧客からのクレームだった。これがまた繰り返され、こうして彼は、打ち合わせの2時間で三度のクレームを受けていた。さて、この企業は新規事業を始めるべきだろうか。これほど頻繁に経営者がクレーム対応をしなければならない状態では、とても新規事業どころではないことは誰もがわかるだろう。

著者は肌感覚として、新規事業での成功確率と、経営者または経営幹部の関与度は比例するように感じている。いや、もはや絶対条件であるとすら思う。**中小企業で経営者が関与せずに新規事業が成功しているという話は寡聞にして知らない。**

そのため、まずは第一本業を経営者がそれほど関与しなくても済むように仕組み化できている必要がある。誰かに任せられる状態にまで持っていくのだ。そのうえで、**経営**

者は「既存事業を3割、新規事業を7割」くらいの力の入れ方で、新規事業を推進していくべきだろう。

第一本業の仕組み化ができていれば、調達力もあるはずだ。金融機関からの信用もあり、本業での融資枠から新規事業への投資に割くことも可能だろう。逆にもし本業がうまくいっていなければ、金融機関も、新規事業参入には否定的な対応をするはずだ。資金調達については第6章で説明するが、この点からも第一本業の足腰の強さが求められることは覚えておいてほしい。信用があれば、好立地の物件を探す際にも情報を得やすかったりするなど、メリットは多々ある。

第二本業がそのうち第一本業になっていくことはあり得る。第一本業がいつまでも強いということはないし、先が見えないからこそ第二本業を作っていく必要がある。ただ参入の際には、まずは足腰の強い第一本業があってこそ、第二本業化を安心して進めていくことができる。

人材登用は最大の壁

新規事業への参入には相応の苦労が予想される。

そのため、意欲や能力の高い人材をつけなければならないと考える方は多い。しかし現実問題、そのような優秀な人材であれば、既存事業の中核を担っている。なかなか外しにくい。優秀な人材が潤沢にいればいいが、そうそう都合よくいるものでもない。余っているとすれば、よほど特殊な事情があるか、既存事業での人材配置が何かおかしい。

そこで結局、人材不足から新規事業参入に至らない、ということは割にある。

けれども、今この瞬間に、新規事業に配置できる優秀な人材がいないとしても、必要以上に心配することはない。これには理由が2つある。

ひとつ目の理由は、事業の立ち上げに関わることで、人も変わっていくからだ。事業の立ち上げには、他の仕事にない特別な経験がある。新たな情報刺激によって視野は広がり、新しいノウハウも積まれ、飛躍的な成長が期待できるだろう。担当者が幹部人材として成長し、それによって新規事業が拡大して経営の柱となっていけば、企業にとってこのうえないメリットになる。これを見越して、幹部育成のためのプログラムに新規事業開発を取り入れている企業もあるほどだ。

しかし、これはやや楽観的でポジティブなシナリオではある。そこで異なる観点から補足すると、「新規事業で人が変わる」というのは、ネガティブな要素をつぶすという意味合いでもある。

例えば、経営者が人材不足の理由を、従業員の成長意欲の低さだと捉えている場合もある。この場合、成長意欲が低いように見えても、それが本心からとは限らない。既存事業に諦めの念を抱いているだけという可能性もあるからだ。このような従業員は、放っておけばそのまま離職につながってしまう。そこで新規事業参入がカンフル剤となって、再び意欲を取り戻すことがある。あるいは、そこまで積極的な姿勢に変わらないにしても、新規事業により離職を思いとどまらせる一定の効果はある。既存事業だけでは、成長を続けていてもいつしか限界が訪れる。新たな拠点を作れなくなり、管理職ポストは既存の数だけで頭打ちになる。そうなったときに社内にいるのは、上のポストが空くのをじっと待つ悠長な従業員ばかりではない。ドライな指摘に感じるかもしれないが、「自社の従業員は大丈夫」とは思わないほうがいい。会社が何も変わらないと思えば、キャリアアップの道を他社に求めてもおかしくはないのだ。成長意欲が高い人材ほど、新しい環境を求めている。人材の流出を防ぐためにも、ポストを用意していく必要があり、新規事業への参入はこの点でも有効な手立てだ。

次に2つ目の理由を挙げよう。優秀な人材が今、社内にいないとしても、新たに採用するという方法がある。

著者はこれまで、中小企業は採用が難しいという課題を述べてきた。その一方で、力のある企業には人が集まることも事実だ。地域コングロマリット経営とは、成長のストーリーをこれからも描くということであり、積極的な攻めの姿勢を見せるということでもある。会社が大きくなるほど採用に有利になるため、キャリア採用を検討するというのも視野に入れておきたい。先ほど「成長意欲が高い人材ほど、新しい環境を求めている」と述べたが、これは翻せば、他社の優秀な人材が自社に来る可能性もあるということだ。経験値やスキルの高い人材に参画してもらえれば、新規事業の成功確率は高まることだろう。

これらの理由から、たとえ今は優秀な人材がいないからと言って、新規事業への参入を踏みとどまることはない。

挑戦を支える企業文化を作る

新規事業参入にあたって、優秀な人材がいないことはそれほどまで心配しなくてもいい。参入の過程で人は成長する。あまりに心配であれば、より成功確率の高い事業を選ぶという手もあるだろう。参入難易度が比較的低い事業を選んで負担を下げれば、自社がどのような状況でも新規事業に参入することは可能だ。

それよりも配慮すべきは、新規事業の担当者の評価である。

想像してみてほしい。新規事業が失敗したときのことを。せっかく投資をしたのに結果を出せず、会社に損失を与えてしまった、そのときの担当者の気持ちを。この担当者は失敗に心を痛め、いたたまれずに離職してしまうことも想像に難くない。

事業が失敗しないとは誰にも言えない。不確定要素はいくらでもあり、何が原因でつまずくかはわからない。そのため、担当者がすべてを背負う必要はないはずだ。しかし、得てして日本社会では失敗に厳しく、キャリアに傷がつくと、その後の出世はおぼつかなくなってしまう。

失敗したことは本人が一番わかっている。精神的なダメージは大きい。さらに、社内の他部門から厳しく冷たい目が向けられることもあるかもしれない。そうでなくとも、本人は必要以上に自責の念にかられ、離職してしまうこともある。一度の失敗で離職にまでつながれば、事業の失敗よりはるかに大きな損失となる。

企業としては、その担当者が優秀だからこそ新規事業を任せたはずだ。また先に述べたとおり、その担当者は、新しい事業に携わる過程でとても貴重な経験を積み、大きく成長しているかもしれない。そのため、もしも失敗したとしても、企業はその人材を守ることが非常に大事だ。

たとえ失敗しても元に戻れるようにポストやルートを設けておくなどの制度面の整備や、挑戦した人への敬意という企業文化の醸成も重要となる。新規事業への参入とは、片道切符を握らせることではないと、社内にきちんと知ってもらう必要がある。

第二本業から第三本業へ

本章では、新規事業への理解と、参入の鉄則、そして新規事業の第二本業化について説明してきた。

新規事業を第二本業へと拡大させていくことが、地域コングロマリット経営においてはとても重要となる。第一本業に次ぐ収益貢献度のある第二本業を作るメリットは大きい。売上や利益の拡大はもちろんのこと、事業規模拡大によるブランディングや経営の安定、それぞれの事業から生み出されるシナジーなど。第3章に挙げたような、地域コングロマリット経営のメリットがいよいよ発揮されるのだ。

第二本業の次は第三本業であり、その次は第四、第五と続く。追求には果てがない。地域コングロマリット経営では、本業がいくつあっても構わない。夢物語のように聞こえるかもしれないが、それを目指すということは不思議な話でもない。いくつもの事業があり、それらがシナジーを生み出して企業として強くなっていくというのが、地域コングロマリット経営だ。

では、それらの事業はどのように連携し合うのか、どのようなポジショニングを取るのか。次章では地域コングロマリット経営を進めるための戦略や具体的なモデルについて説明していこう。

第5章

地域コングロマリット経営の戦略モデル

Regional Conglomerate Management

地域コングロマリット経営の成長ストーリー

成長力は調達力で決まる

ここまでは主に経営環境の変化から、地域コングロマリット経営のメリットを述べてきた。本章からは、より実践的な経営戦略について説明していく。

まず、企業の成長力とは、調達力によって決まる。

第4章で、新規事業への参入と、それを成長させていく必要性について説明した。しかし、ひと口に新規事業への参入と言っても、「何をやるのか」「誰がやるのか」「どのようにやるのか」などの課題があり、ビジネスモデル（情報・モノ）、人材（ヒト）、資金（カネ）の調達力が成否を分けることになる。なぜなら、次のリスクがあるからだ。

第一に、マーケットサイズが大きなビジネスモデルを選ばなければ、すぐに伸び悩んだり、そもそも伸びない。

第二に、適切なビジネスモデルがあっても、それを実行する人材がいなければ始まらない。経営者が孤軍奮闘するのも一時的にはいいかもしれないが、そのうち無理が生じる。

第三に、ビジネスモデルがあって人材がいても、資金がなければいつまでも形にならない。努力と根性では遅々として進まず、いつも不利な闘いを挑まなければならなくなる。

いかに適切なビジネスモデルを仕入れられるか、人材を採用できるか、資金を用意できるか。これらの調達力が、成長力を左右する。

もちろん、優れた経営者や経営幹部であれば、これらの重要性を知らないわけがない。それは著者も十分に理解している。常日頃から新しい情報を知ろうと世の中の動きに目を光らせ、人材の採用と育成に腐心し、資金繰りに気を配っているはずだ。

ただ、それでも述べておくのは、地域コングロマリット経営では、調達力が特に重要な鍵を握るからだ。事業を次々と増やすという点でも、そしてそれがシナジーを生んで成長していくという点でもこれは言える。事業が成長し、企業規模が大きくなれば、調達の領域や手段も変化していく。まず、この点を押さえることから本章を始めよう。

5段階の成長ステージと調達の意義

成長していくにあたって、調達とはどのように変化していくのか。

ここでは便宜上、成長ステージを5段階に分けて説明していく。売上高（従業員数）別に、それぞれ10億〜30億円（50人）、30億〜100億円（50〜100人）、100億〜300億円（100〜300人）、300億〜1000億円（300〜1000人）、1000億円以上（1000人以上）である。なお、この数値は業種や業態の特性によって差異があることには留意いただきたい。

まず、10億〜30億円（50人）について。

この規模では、地域×業種で1番というポジショニングが築けているだろう。「○○市の○○業（商品・サービスカテゴリー）で1番」と、市区町村という地域範囲で優位な立場だ。ここで経営の重点ポイントとなるのは、その事業をいかに仕組み化して、高収益化していくか。そして次の段階へと進むために、既存事業の周辺にある事業を加えることを検討することだ。事業とまで大げさに言わなくても、同一カテゴリー内の新しい

売上30億円未満の企業の成長ステップ例

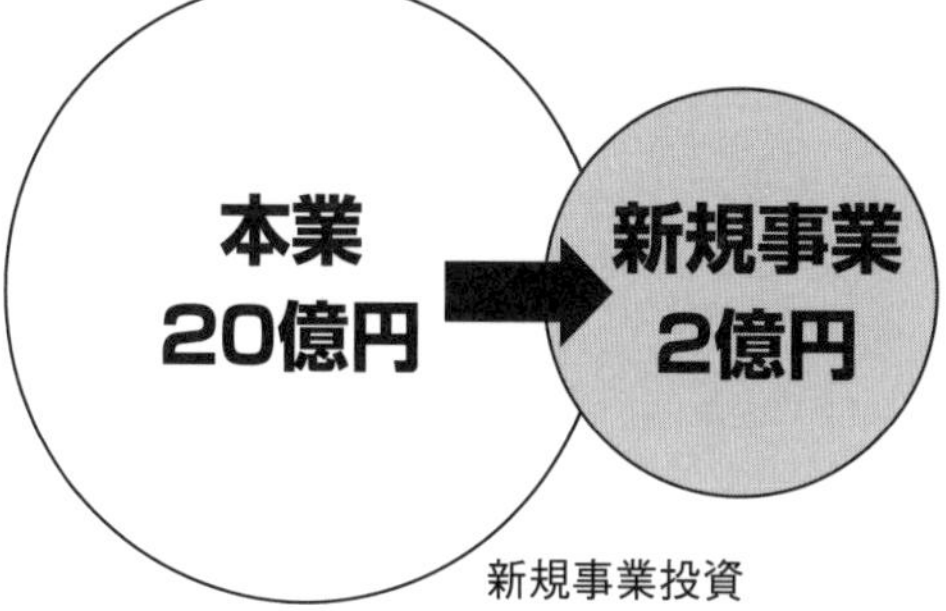

商品やサービスもこれに含む。例えば、注文住宅を販売していた企業が、賃貸住宅や分譲住宅の取り扱いに進出するというものがこれにあたる。

このとき資金調達では、ひとつの金融機関だけに頼るのでなく、２つ目、３つ目の金融機関との取引も始まる。いわゆる多行取引だ。

人材調達でも、それまでは踏み出せなかった新卒採用にも取り組める。「新卒の求人をかけたところで応募は来ないだろう」という規模感ではなくなってくる。一方で、新規事業のために人材を増やす必要があり、中途採用を積極的に行なわなければならない。

こうして企業は、30億〜100億円（50〜100人）というステージを迎えることになる。

この規模感だと、たいていの県では上位100社に入ってくる。事業を行なうのも市区町村を越えて、県全域になってくる。組織構造としては、まだ単独企業であり、引き続き既存事業の周辺にある事業を加えていく。資金調達については多行取引であり、または複数の金融機関による協調融資（シンジケートローンを含む）もあり得る。

人材調達については、新卒採用を積極的に進めていく。

ここまでは既存事業、つまり第一本業の調達力を活かして、新規事業を生み育てることになる。

そしてその次の段階が、100億〜300億円（100〜300人）だ。

売上100億円を超えると、中堅予備軍から中堅企業というステージに入る。日本の上位1％に入る規模感となり、ブランドもポジショニングも、そして調達も著しく変わる。

事業は都心へも進出し、組織構造はホールディングスやグループ経営にしていることも多い。売上の大きい第一本業と、利益率の高い第二本業があり、そしてまた新たな企業イメージを創り出すブランディング事業にも乗り出す。新規事業についても選択肢は

売上30億～100億円の企業の成長ステップ例

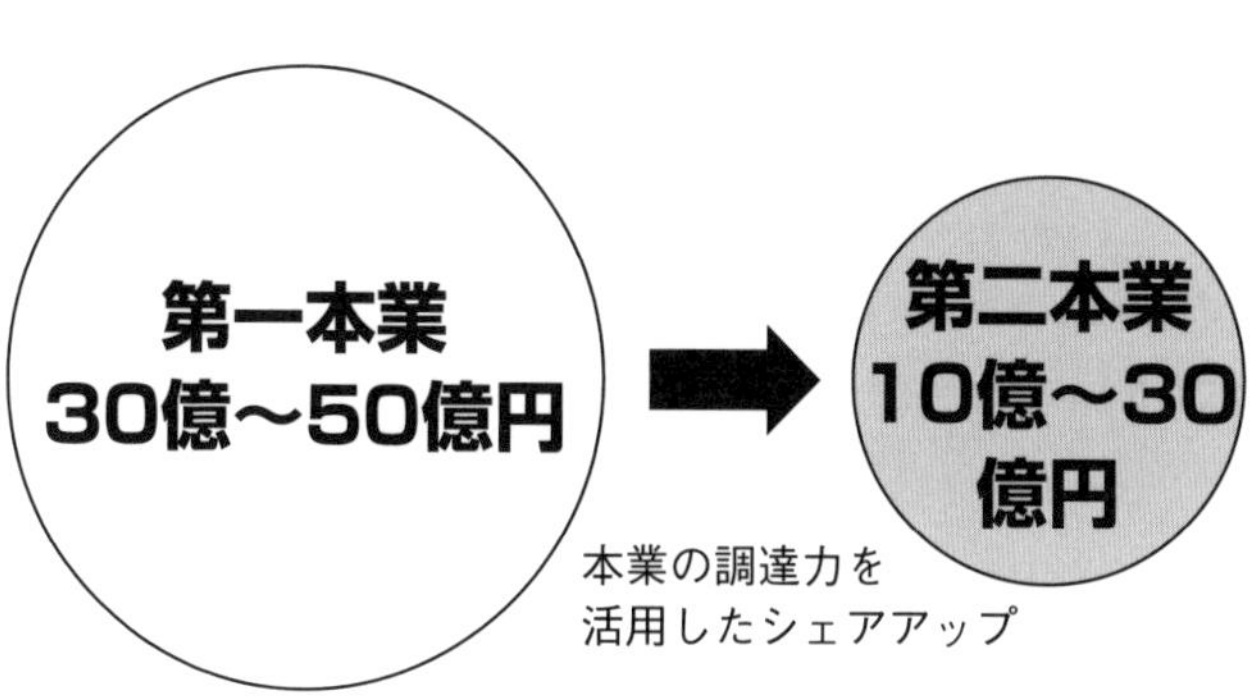

広がる。１００億円規模の市場を選び、積み重ねるという戦略もあれば、一挙に５００億円以上を狙える市場を攻略していく戦略もある。

選択する新規事業も１００億円規模のものを選ぶというやり方もあれば、一挙に５００億円以上を狙える市場を攻略していくやり方も考えられる。

売上１００億円を超えてくると、経営企画を担う優秀な人材を採用できるようにもなり、これを補強するためにもブランディング事業は重要になる。パーパスを設定したり、グループ名や企業名、ブランド名を変えていったりすることもあるかもしれない。

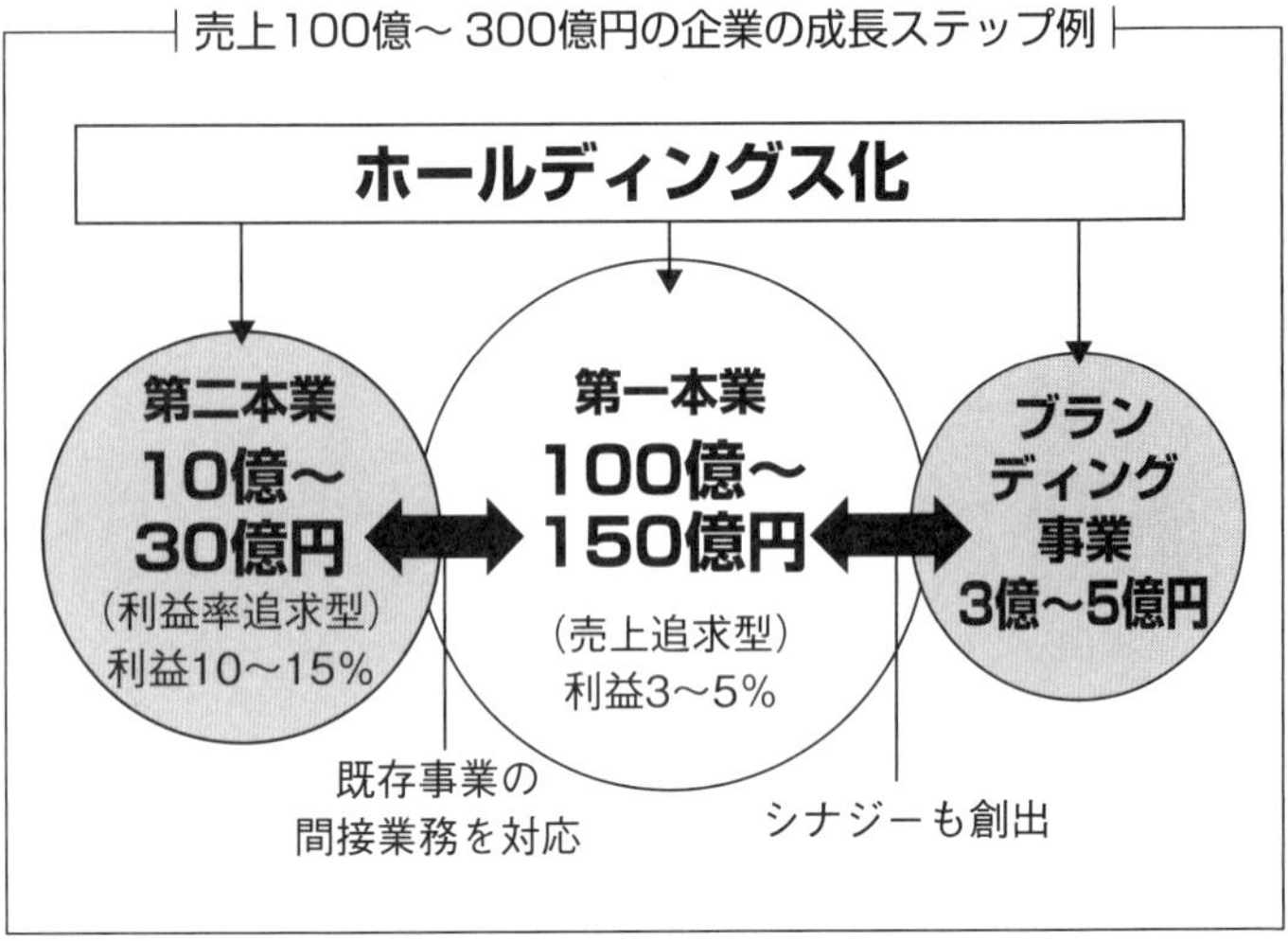

資金調達では、いよいよメガバンクと呼ばれるような都市銀行との取引も可能な規模感だ。または証券取引所に上場して、IPO（新規公開株式）によって資金を調達することも選択肢となる。得られる資金や人材のレベルが確実に上がり、描ける夢も大きくなる。

では、300億〜1000億円（300〜1000人）になると、どのようになるか。

ポジショニングは県内でもトップ5に入る規模感で、影響力は大きい。地域と都心だけでなく、すでに日本全国へと進出しているのが一般的だ。組織としても、事業ごとの自主性が大いに発揮できるようなカン

売上300億～1,000億円以上の企業の成長ステップ例

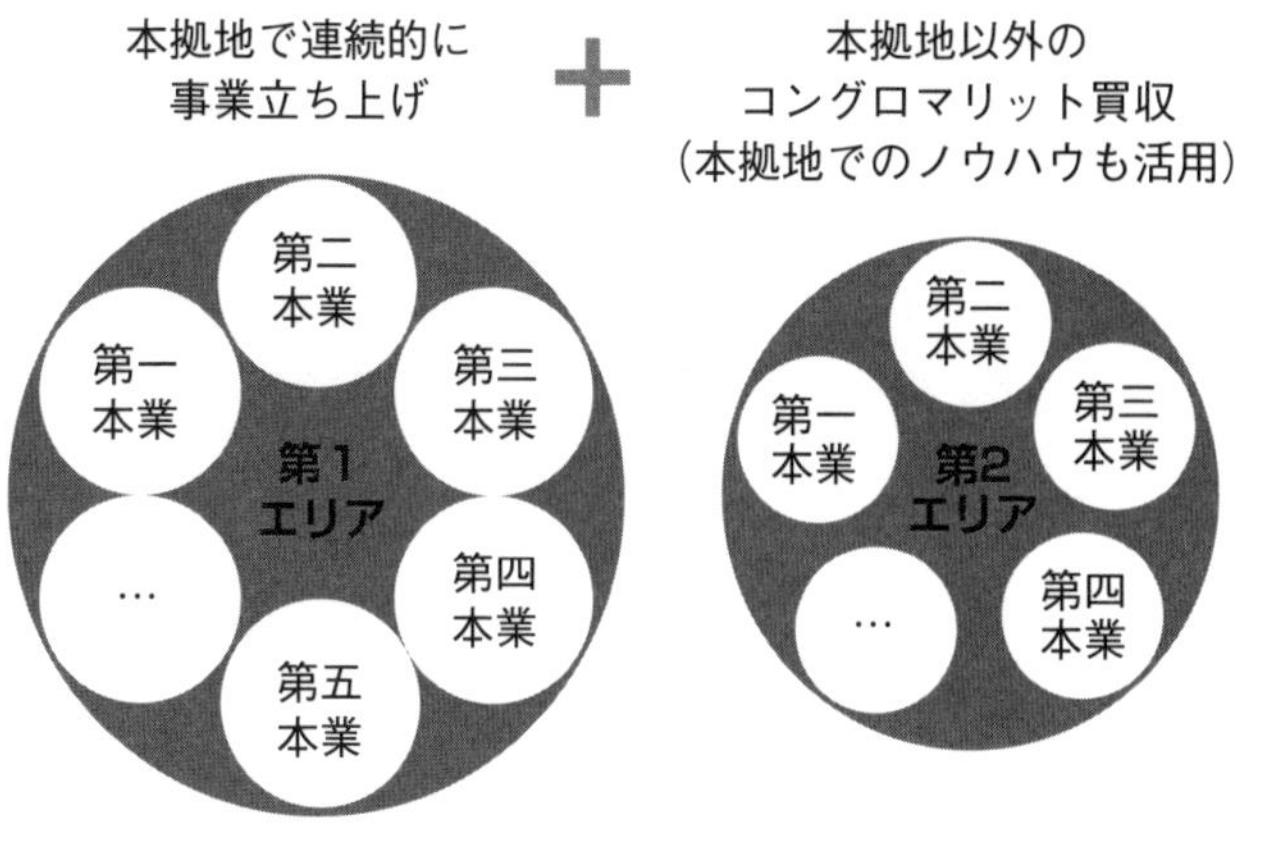

パニー制をとる場合もある。新規事業が次々と生まれるような体制づくりこそ経営の重点ポイントだ。

内部留保による資金を新規事業参入に充てられるようにもなっているため、スピードも出せる。新規事業参入のためにM&Aを進める部署や、イントレプレナー（社内起業家）が出てくるような制度を構築したりするかもしれない。本拠地以外の地域コングロマリット企業のM&Aを行なうというのも、規模拡大のひとつの手だ。一方では、ガバナンスや社外取締役を強化するなど、組織運営の手綱を締めることも大事だ。

さらに、この次のステージからは海外マーケットが視野に入ってくる。それを考

えると、あらかじめ海外マーケットに強い人材や情報を得られるようにしておくのもいいだろう。

最後に、1000億円以上（1000人以上）を説明する。

このステージに入れば、もう県内の代表企業になっているはずだ。全国的にも名前が知られているかもしれない。そして、ここからは国内マーケットにも限界があるため、海外にも拠点を作っていくことになる。そこで必要となるのは、海外での現地採用力の強化だ。海外で現地採用を行なえば、異なる背景を持つ人材がどんどん入ってくることになるだろう。異文化理解の側面からダイバーシティを尊重する文化をきちんと整えていかなければならない。もちろんダイバーシティの尊重は、これ以下のステージでも必要ではあるが、その重みが一層増してくる。

責任の分だけ影響力も大きくなる。社会をよりよくする企業として、大きな矜持と、あるいはステータスのようなものも得られることだろう。それは経営層だけが持ち得るものではない。そこに属する従業員一同の矜持でありステータスでもある。大きな喜びを、より多くの人と分かち合う。これは、きっかけやプロセスは違えども、どの企業も抱いている目標ではないだろうか。

成長の5段階の一覧表

規模	10億～30億円（50人）	30億～100億円（50～100人）	100億～300億円（100～300人）	300億～1,000億円（300～1,000人）	1,000億円以上（1,000人以上）
ポジショニング	業種×地域 No.1	県内TOP100	県内TOP30	県内TOP5	県内代表企業
進出エリア	市区町村	都道府県	都心	全国	全国・海外
組織構造	単独	単独	HD／グループ経営	HD／グループ経営／カンパニー制	HD／グループ経営／カンパニー制
経営の重点ポイント	既存事業の仕組み化／高収益化	第一本業の資金調達力を活かした新規事業参入	採用に優位なブランド構築（リブランディング／IPO）	新規事業が多産化される体制づくり（M＆A体制／イントレプレナー／ガバナンス強化）	海外比率向上
新規事業創出	周辺業態の付加	周辺業態の付加	新業種の付加	第三本業以降	海外付加
資金調達	多行取引	多行取引／シンジケートローン組成	メガバンク	内部留保	内部留保
人材調達	中途積極採用／新卒採用開始	新卒積極採用	経営企画室人材	海外マーケット対応／人材採用／社外取締役強化	海外での現地採用力強化
追加組織機能	人材採用／財務	人材開発／財務	経営企画室（ブランディング、新企業、M＆A推進）	M＆A推進室／ガバナンス推進室／ブランディング推進室	ESG推進室／ダイバーシティ推進室

成長ステージを意識する

このように、企業には5段階の成長ステージがある。そして調達すべきものが変わってくる。子どもが成長するたびに洋服のサイズが変わるように、そして大人になれば子ども服は着られないように。企業においても、自社の成長ステージを意識しながら、前項を参考に調達を進めてもらいたい。規模感はあくまで目安である。例えば、サービス業や小売業よりも、製造業や不動産業のほうが一般的に売上高は高くなる。同様に人材調達も、やはり業種特性によってやや違ってくる。

ただし、この5つの段階があることには変わりがない。一般的には市区町村規模から事業は始まり、徐々に都道府県に拠点を広げ、そして離れた都心にも拠点を置く。また、資金調達は金融機関の基準等によるため、ステージ規模による変更はさほどない。

一方で人材や追加する組織機能は、企業ごとの経営判断による。そのため、なかば先取りするように始めていってもいいだろう。子どもに大人用の服は大きすぎるが、成長を見越して少し大きめの服を買っておくということはあるはずだ。

売上高が10億〜30億円の成長ステージだと、他のステージと比べて、どうしても新卒の応募は集まりづらいところがある。また、内情としても、新卒の従業員を抱える余力がないということもある。しかし、そうは言ってもいずれ踏み込んでいくことを考えれば、先に新卒の積極採用をスタートしてしまうのもひとつの方法だ。新卒採用は中途採用に比べて採用計画が立てやすい。早めに採用して組織になじみ、成長してもらうことのメリットは大きい。

経営企画室も同様だ。それまでは経営者が、経営企画室という機能を一手に引き受けていることが多い。けれども、早い段階で経営企画室を作り、そこに将来的にグループ企業を作る際の社長候補を巻き込むのもいい。組織経営の自覚が生まれ、知識やノウハウ、人脈などさまざまなものを早めに吸収していくことが期待される。

いずれにしても重要なのは、成長ステージを意識することだ。そのうえに、成長戦略としての地域コングロマリット経営がある。次項ではその具体的な5つの戦略モデルを説明していこう。

地域コングロマリット経営の5つの戦略類型

①異業種混合型

【特徴】

ひとつ目に挙げるのが「異業種混合型」である。**既存の事業とは、まったく異なる業種に参入するという戦略**だ。コングロマリットという言葉から一般的にイメージされるのが、これにあたる。

不動産事業から飲食事業、エンターテインメント事業から観光事業、IT事業から介護事業……。近年では福祉・健康分野への参入も目立つ。事業展開は多種多様で、ある意味で無限に創出することが可能だ。異なる特徴の多事業を行なうために、経営環境の

異業種混合型の概念図

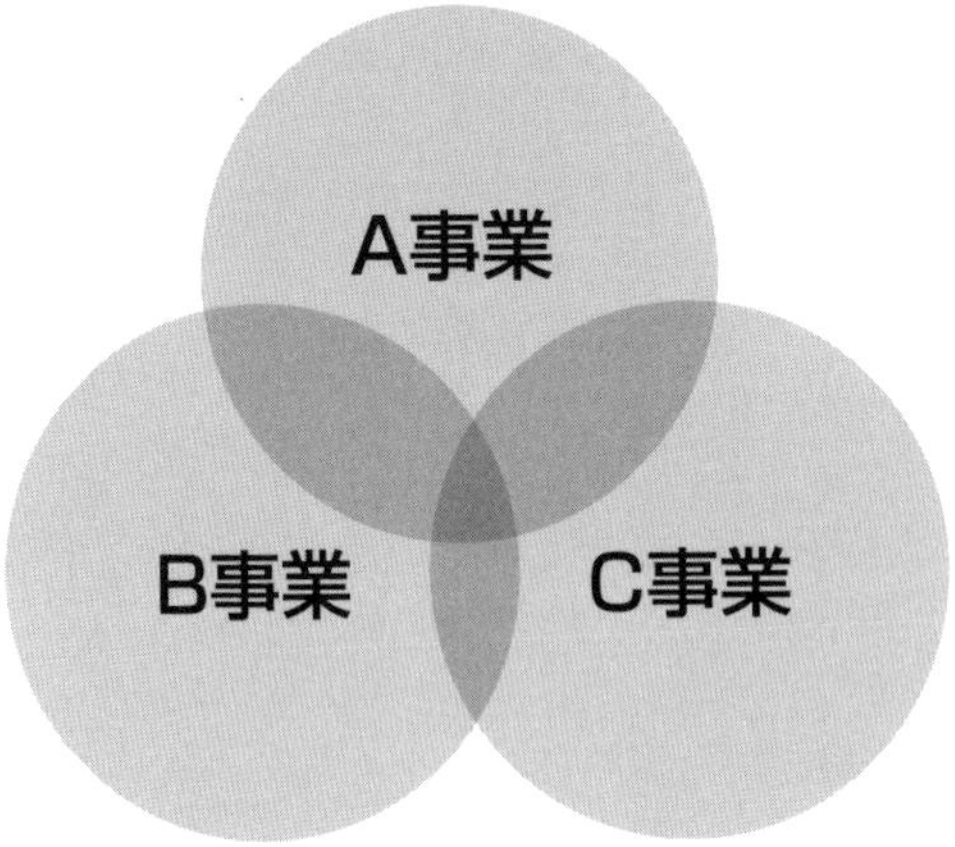

変化に対してリスクヘッジができることがメリットだ。「不景気なA事業の人材を一時的に好景気のB事業へ」という配置転換ができるのだ。さらに業種に起因する企業イメージを変えていけるというのもメリットになる。

異業種混合型の企業は、不動産を活用している場合が多い。例えばフランチャイズビジネスで言えば、保有している不動産に合うフランチャイズビジネスを探したり、という具合だ。

ロードサイドにあるパチンコ店が、その土地にインドアゴルフもオープンさせていたりするのを見かけることもあるだろう。

このように不動産を活用して、時代ごとの

成長事業を回していくというのがひとつのパターンだ。

あるいはM&Aにより異業種参入を果たしているというケースもある。その事業にほとんどノウハウがないとしても、すでに一定のノウハウや経営資源がある事業を買うことで成長していける。既存事業にこだわらずに展開できる異業種混合型は、企業規模拡大に大きく貢献することが期待できる。

一方で、異業種混合型のデメリットは、企業にとってはまったくの新規事業のために、ややもすると既存事業の経営資源を転用しづらいことがある点だ。不動産や資金は転用できても、人や顧客の転用は難しく、新たに得ていく必要がある。その点で、中堅以上の規模感を持っていないと伸ばしにくい。

また、もしも事業のスタートに稟議のプロセスを経なければならない場合は、「なぜ、当社でその事業を始めるのか」という声が上がりがちだ。トップダウンであればやりやすいかもしれないが、その場合も参入していくストーリーを持っておくことは大事だろう。

【異業種混合型の事例】

異業種混合型にあてはまる事例は多数あるが、そのうちフランチャイズとM&A、両方で規模を拡大したG－7ホールディングスを紹介する。

同社はカー用品店の「オートバックス」、スーパーマーケットの「業務スーパー」を多店舗展開するメガフランチャイジーだ。

1975年に兵庫県加古川市のボウリング場の駐車場で、カー用品販売から始まった同社。76年にオートバックスのフランチャイズチェーンに加盟し、そこから運営する店舗を増やしていった。フランチャイズでは出店エリアが明確に決まっているため、勝手に出店できるわけではない。そこでM&Aが重要な要素となる。同社は他県のフランチャイズ加盟店の業務引き継ぎを行ないながら店舗を増やし、そして事業を伸ばしていった。23年現在は70店舗近くまで増やしている。

一方、同社が成長の節目のひとつとするのは、02年に業務スーパー事業を始めたことだ。創業者が見学をした際、商品を段ボールに入れたまま陳列する「箱陳《はこちん》」を見て、そのコスト感覚から「この商売は伸びる」と判断。社内では反対意見もあったようだが、創業者の判断を受けて、事業はスタートした。しかし、すぐには黒字化しなかった。スタートからの10年間は赤字の連続。この間の赤字はオートバックス事業により穴埋めす

異業種混合型の例（G-7 ホールディングス）

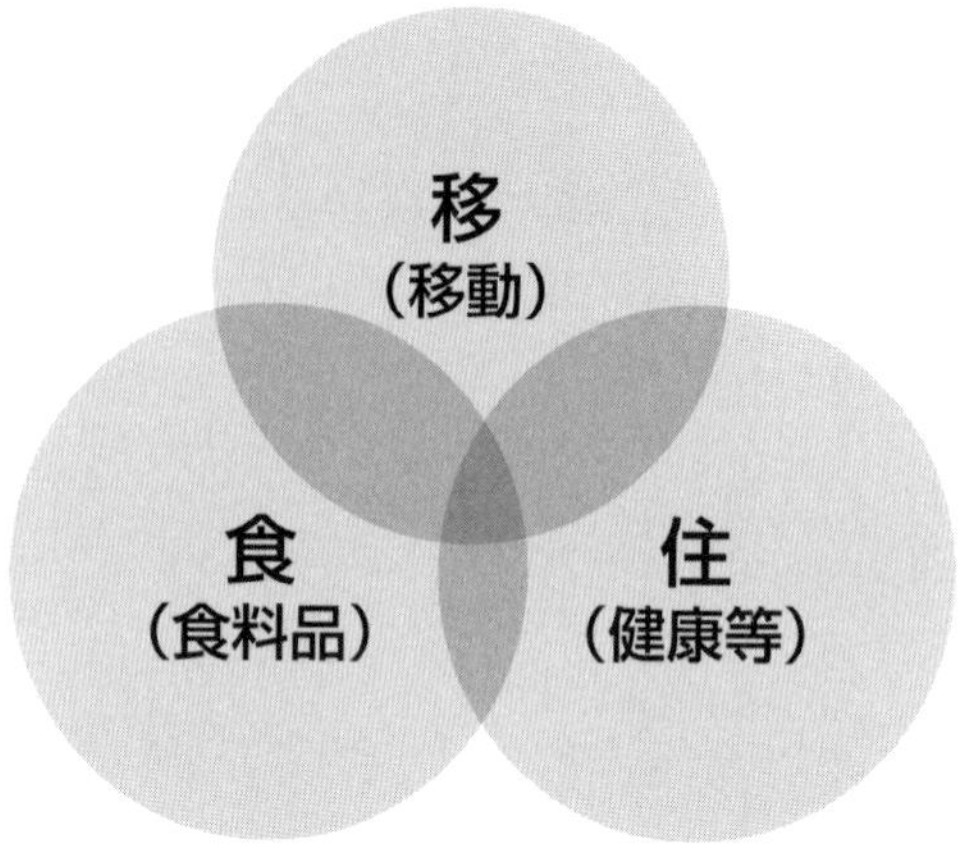

ることで事業は継続されていった。そして黒字化し、業務スーパー事業は見事、第二本業化を果たす。

今や売上は逆転。同社の22年3月期の売上高は1685億円だが、そのうちオートバックスを含む車関連事業は22・0％、業務スーパー事業は52・9％となっている。業第一本業を第二本業が上回っているという例である。

同社はさらに精肉事業が第三本業となっているほか、農産物直売所、健康関連事業など多数の事業を展開している。

②客層特化型

【特徴】

２つ目が「客層特化型」である。**第一本業を軸に、そこに関連する商品やサービスを扱う事業を作っていく。これまで販売していた商品やサービスについて、その購入前後にも顧客と接することのできる商品やサービスを設けることで、購入単価を上げたり、LTV（ライフタイムバリュー：顧客生涯価値）を引き上げられるようにしたりする戦略だ。**もちろん、その新規事業によって、既存事業への新たな流入経路が生まれることにもなるのだが、基本的には１人の顧客への販売額を増やしていくことがポイントとなる。別の表現をすれば、同じものを扱いながら、それに対する関わり方を増やしていくのが、客層特化型になる。

例えば、自動車販売業ではクルマを売れば、必ず車検が発生する。そこでは整備の仕事も出てくる。また、万が一の事故によりクルマが傷つけば、鈑金修理ということになる。そして自動車事故への備えとして、損害保険などもある。ここではクルマを「売る」

客層特化型の概念図

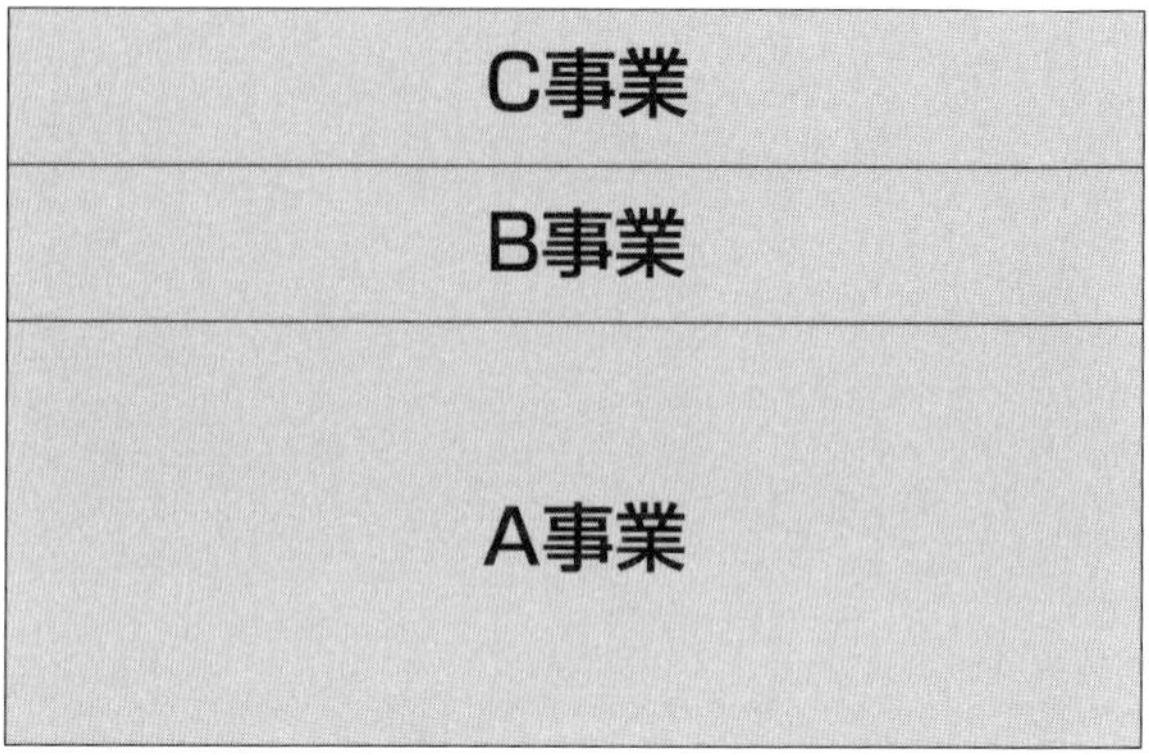

「点検する」「整備する」「守る」というように関わり方が異なり、客層特化型はこれらをそれぞれ加えていくことになる。

同じような展開は、葬儀業でも可能だ。人が亡くなったときだけ対応するのではなく、生前から相続の相談を受けたり、お墓の相談も受けられるようにしたりする。それによって、生前から葬儀後まで寄り添えるようになり、事業としての成長も期待できる。

客層特化型において、特筆すべきメリットは2つある。

ひとつは事業イメージが湧きやすいことだ。関連する事業であるために、すでに何かしらの形で接点があるだろう。顧客からの相談があれば、関係取引先への紹介などの手段によって情報やサービスを提供してきたはずだ。そのためビジネスの形が見えやすい。

そしてもうひとつのメリットが、顧客が見えているということだ。これが客層特化型の最大のメリットと言ってよい。既存顧客がターゲットとなるため、新規開拓をする必要性がほぼない。

ではデメリットはと言えば、事業が小粒になりやすいことだ。

既存顧客をターゲットとする以上、財布に限界がある。始めやすいが、伸ばしにくい事業とも言える。また取引先と協力しながら進めていた場合、その取引先と競合になることも留意しておきたい。これは後述する事業ドメイン特化型、サプライチェーン統合型にも言えることだ。

【客層特化型の事例】

岡山県のダブルツリーは、客層特化型で成長してきた地域コングロマリット企業だ。72年に中古車販売業として創業。当時は〝町の車屋〟であり、際立った特徴を打ち出してはいなかったが、2005年以降「軽自動車の専門店」というカテゴリーを強化、カテゴリー内における「地域一番店」へと成長していく。その後、車検専門店・鈑金専門店を軽自動車専門店に併設させた拠点の開発、販売以外のモビリティ需要にこたえるリース専門店を展開。顧客のニーズをワンストップで受けられる体制を次々と整えていく。２０２２年12月期の売上高は１２５億円となっている。また、その成長は採用力強化にもつながった。10年ほど前は会社説明会を開いたところで２、３人集まればいい程度だったが、現在では地元、山陽新聞の就職人気ランキングで４位となっている。国立大学出身者などの応募も集まり、従業員数は23年４月現在で２９６人。精力的な成長を続けている。

客層特化型の例（ダブルツリー）

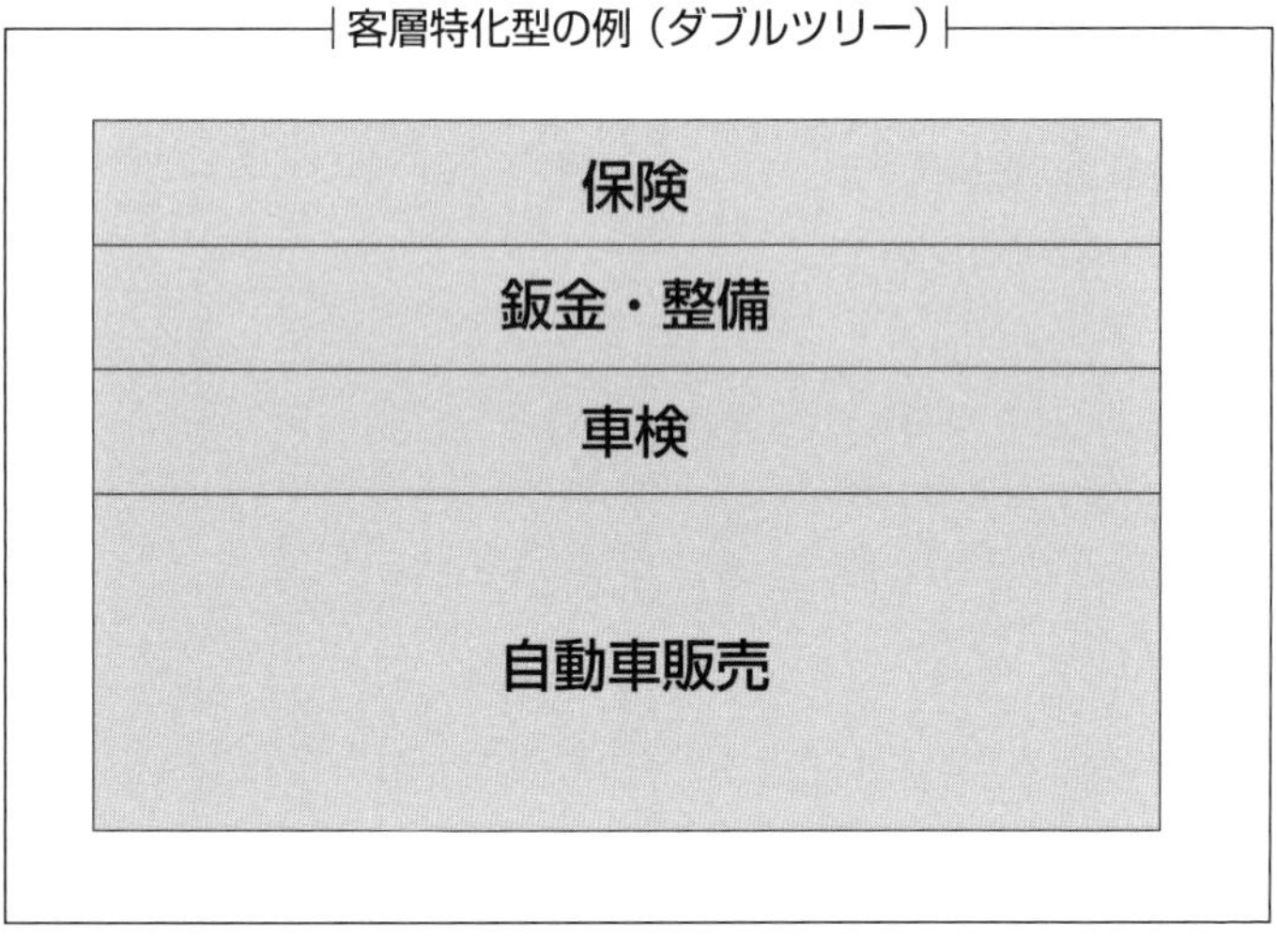

③事業ドメイン特化型

【特徴】

3つ目は「事業ドメイン特化型」だ。**既存事業と同じ業種の中で、ニーズの異なる顧客を取り込んでいく。同じ業種という意味では客層特化型と似たところがあるが、基本的に既存の顧客ではなく、新規顧客を対象にする点で異なる。**

例えば住宅事業がわかりやすいだろう。注文住宅、分譲住宅、リフォーム、賃貸物件では、それぞれ顧客層が異なる。分譲住宅を主に扱っていた企業が、注文住宅も扱うようにするなどが事業ドメイン特化型だ。

また、人材サービス業にあてはめると、人材紹介サービスを提供していた企業が、人材派遣サービスにも乗り出すということになる。

このようにA事業を選んだ顧客が、他のB事業を選びにくいという業種の場合に有効なのが、事業ドメイン特化型。ただ、必ずしも別の顧客が対象となるわけではない。「今日はA事業の商品・サービスを選び、明日はB事業へ」と時間経過によって顧客のニー

事業ドメイン特化型の概念図

ズが変わることはある。例えば、和食店を展開していた企業が、洋食店を始めるという場合、顧客が両方を楽しむということはあり得る。「昨日は蕎麦を食べたし、今日はハンバーグにしたいな」と。すると客層特化型のようでもあるが、同じ人がその瞬間に2つを選ばないという意味で、これは事業ドメイン特化型になる。客層特化型は「関わり方」を増やすが、事業ドメイン特化型では「商品・サービス」を増やす。「住む」や「食べる」「働く」といった動詞は同じだが、対象が変わる。

事業ドメイン特化型は、客層特化型とメリットも似ている。やはり事業イメージが湧きやすく、また顧客像もイメージしやすいだろう。

加えて事業ドメイン特化型では、新規顧客の獲得が期待できるし、客層特化型よりも比較的大きなマーケットに進出しやすい。〝松竹梅〟のカテゴリーになぞらえれば、既存事業を〝梅〟としても、その既存顧客にこだわりすぎることなく、より魅力的な〝竹〟や〝松〟の商品・サービスを付加しやすいからだ。この点では成長しやすいとも言えるだろう。送客でもシナジーを生みやすく、〝梅〟に相談があった顧客を〝松〟や〝竹〟へと紹介することも可能となる。

ただしデメリットとして、顧客がＡ事業を選べばＢ事業は選ばないということになりやすい。いわゆるカニバリゼーション（共食い）状態となって、結局グループ全体ではあまり売上に好影響がないこともあるかもしれない。この点は押さえておきたい。

【事業ドメイン特化型の事例】

熊本県に本拠地を置くシアーズホームグループも〝松竹梅〟が軸となっている。

２０２１年度のグループ売上高は２７２億円。15年度は83億円であり、この６年で３倍以上も売上を伸ばした同社。地域内の「家を売る」というマーケットをすべてカバー

事業ドメイン特化型の例（シアーズホームグループ）

し、それらは「注文住宅の松ブランド」「規格住宅の竹ブランド」という具合に、価格帯・ブランドが松竹梅に分かれている。

また、そこにフランチャイズ・ブランドも組み合わせ、エリア拡大の際に効果的に活用しているのも特徴的だ。新たなエリアに進出する際には、まず松ブランドとして、全国的に知名度のある注文住宅のフランチャイズ・ブランドで地盤づくりを行なう。そして竹ブランド・梅ブランドを展開し、シェアを拡大する。さらにその後、主力となる自社の松ブランドを展開する。高価格帯の自社の松ブランド展開によって、フランチャイズ・ブランドで生じるロイヤリティがなくなる分、収益率の向上とさらなる成長につながるという仕組みだ。

こうしたエリア拡大戦略ができるのは、事業ドメイン特化型として、客層の異なる商品・サービスを取り揃えているからこそだろう。

④サプライチェーン統合型

【特徴】


商品・サービスの製造や供給など、一連の流れを踏まえて事業を展開していく広げ方もある。これが「サプライチェーン統合型」だ。**卸売業の企業が小売業に参入するなど、調達・製造・流通・販売といった商流の中で、川上や川下へと事業を増やしていく。**

一般的には川上へ展開するよりも、川下へと展開するほうが多い。川上のほうが設備投資は多い傾向にあり、川下のほうが少なくてすむ。製造業には高価な製造機器が必要だったりもするが、小売業であればコストの低いECサイト開設というやり方もある。

川上へと広げる例では、小売業が製造業に入っていくＳＰＡ（製造小売業）や、あるいはＰＢ（プライベートブランド）商品の取り組みだと言えばイメージが湧くかもしれな

サプライチェーン統合型の概念図

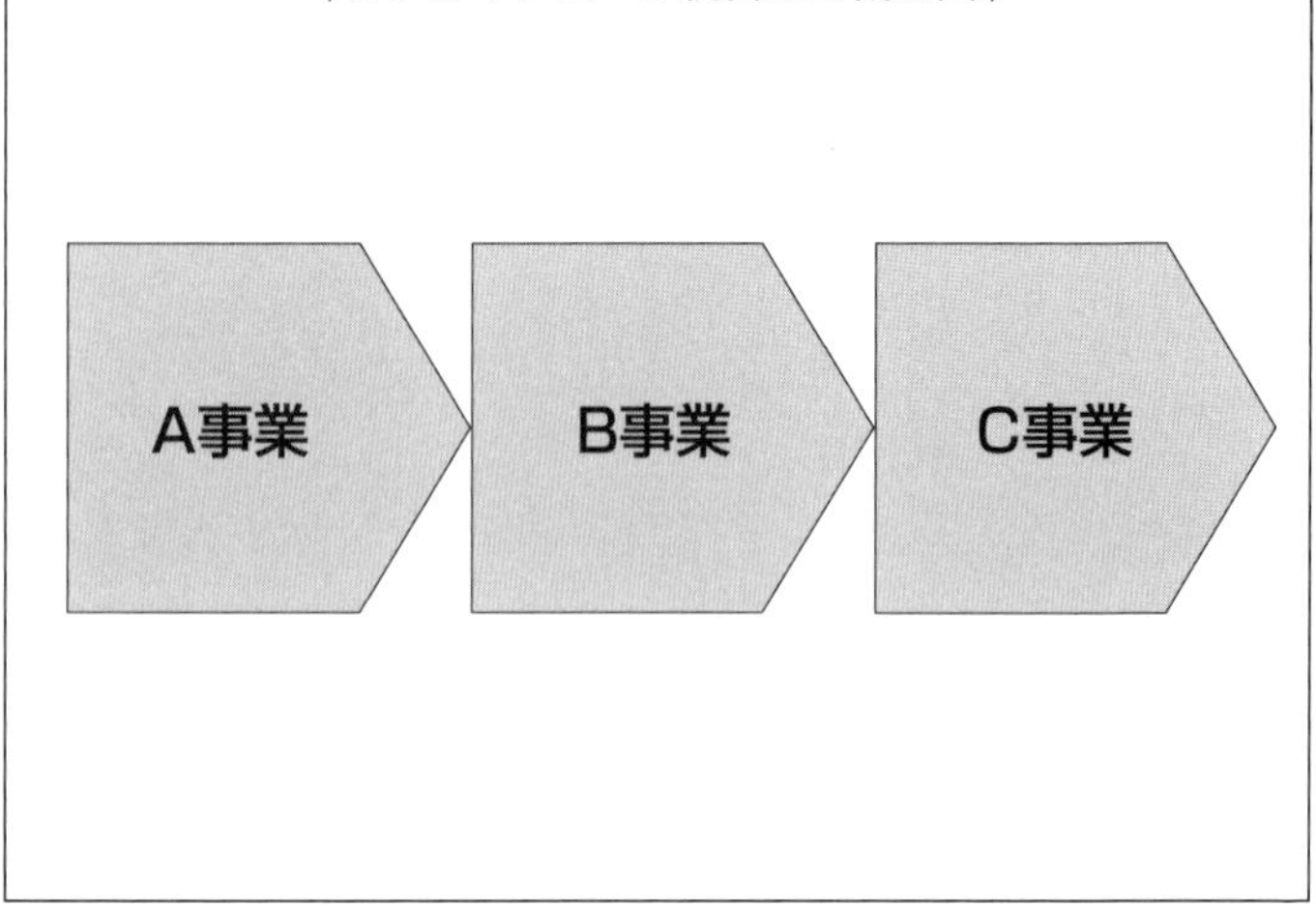

い。今までは仕入れた商品を売るだけだったところに、自社の商品を開発することでブランディング強化などを見込むことができる。もともと小売業は、現場の声、消費者の声が聞きやすいという強みがある。これを活かし、顧客ニーズを捉えた商品開発ができるはずだ。

一方、川下に広げる例では、農業の6次産業化が挙げられる。6次産業とは、農業者が自ら育てたフルーツを自らジャムに加工して消費者に届けるなど、1次産業と2次産業・3次産業を掛け合わせることを言う。この場合、流通規格に合わない農産品の有効活用や、素材の特徴を活かした調理をしやすい。

このように、サプライチェーン統合型では、既存事業で得られるノウハウが新規事業に活きてくる。逆に新規事業で得られるノウハウなどが既存事業に活かされ、品質を上げたり、顧客獲得につながったりするケースもある。ＢtoＢの企業が小売店を持つことで顧客の声を吸い上げられるようになるのも、品質やモチベーション向上につながる。

何より最大のメリットは、事業を付加して、そのサプライチェーンに占める部分が長くなるほどに、コスト削減と利益率向上が期待できることだ。連携を強めることで、提供サイクルを早めていくことも可能だろう。いわばトヨタのジャストインタイム方式のスモール版のような体制を敷くことも考えられる。

そのうえでサプライチェーン統合型は、他の戦略類型よりも競合とバッティングする可能性が高いことに留意しておきたい。

例えば、メーカーのＡ社とその部品調達先のＢ社があるとする。そしてＡ社は自社でも部品を調達し出したとする。このとき気を悪くしたＢ社が、他の一切の取引を中止してくるリスクもある。こちらに主導権がない関係性では、特に厳しい対応が予想される。

また、当然のことだが、コスト削減を目的に参入したとしても、ノウハウが少ないばかりにコストがかかってしまうこともあり得る。それでは効果もなく、本末転倒となる。

サプライチェーン統合型の例（関家具）

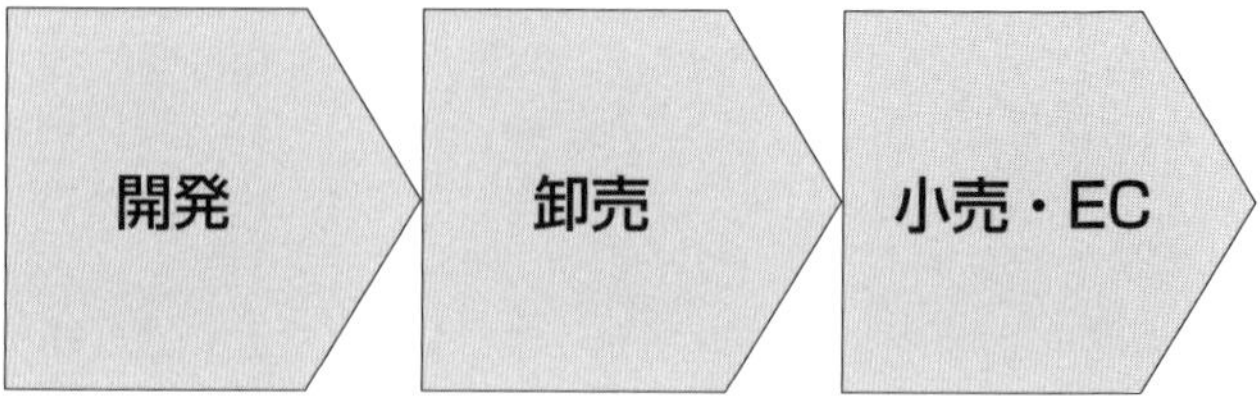

メリットとデメリットのバランスを見て、選ぶ必要がある。

【サプライチェーン統合型の事例】

関家具は、福岡県で家具・インテリア・住関連商品の企画販売業を営む。１９６８年に創業し、２０２２年現在での取り扱いブランドは32にのぼる。22年５月期の売上は１８８億円。創業以来55年間、黒字経営を続けていることや、社員発の新規事業が60以上も生まれていることなど、優れた点が多々ある。

そんな同社はサプライチェーン統合型として、事業を広げてきていると言えるだろう。

卸売業から始まり、商品開発や直営の小売店、ＥＣサイトの運営へと事業を拡大。さらにスペースデザイン事業部では、ホテルやオフィス、レストランなどの空間デザインの設計まで行なっている。卸売業や小売業から得られるマーケット・ニーズなども参考にした、独自性の高い商品開発も強みであり、そのオリジナル商品を卸すことで、製造から卸売への好循環も生まれている。

ひとつのサプライチェーンの中に多数のビジネスチャンスが眠っていることを教えてくれる企業だ。

⑤機能スピンアウト型

【特徴】

最後に紹介するのが、機能スピンアウト型だ。

既存事業や社内システムの中にあった機能を抽出して、それを他社へ販売していく戦略である。フランチャイズ本部もこの例にあたる。自社の店舗経営ノウハウを磨き上げて、再現性の高いものにパッケージ化して、他社へ提供していくという考え方だ。

機能スピンアウト型の概念図

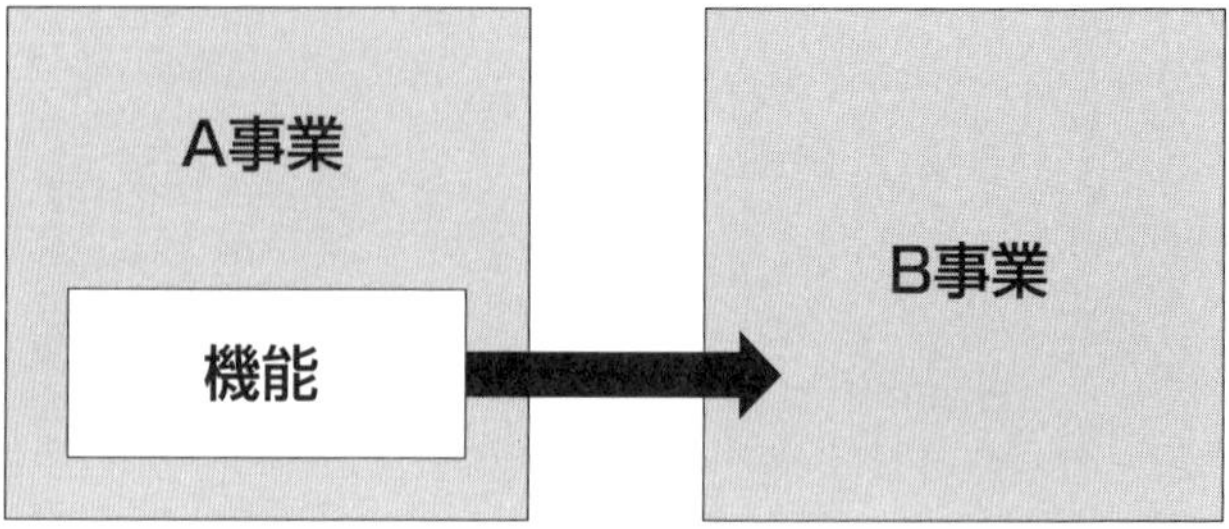

機能スピンアウト型の変わった例では、専門商社が、その商社機能を活用して別の商材を仕入れるようになり、その商材で新規事業を作っていったケースもある。

すでにある機能を用いて事業化するという意味では、新しいものを取り入れる必要はほとんどなく、スタートしやすいと言えるだろう。特に間接部門は直接の利益を生まないものだが、これが利益を生むようになることは、マイナスをプラスに変えるという点で大きなメリットだ。

しかし一方、デメリットとしてはこんなことがある。間接部門にもともとあったコールセンターの機能を事業化したときに、そもそも間接部門は営業活動をしていないために、その事業を誰が営業していくかという課題があがる。そして極端な話として、１社が導入したとしても、その後が続かない場合、撤退も難しい。間接部門という企業の内部に入り込んでおいて、早々に抜けるというのでは、顧客をただ混乱させるだけだからだ。

また、フランチャイズ本部として事業を始めるとなると、自社のノウハウをいかに顧客にとって再現可能なものにできるかどうかが重要だ。この点で難易度は低くない。ただし、パッケージ化の過程で、自社の事業がブラッシュアップされるというメリットがあることもつけ加えておこう。

【機能スピンアウト型の事例】

機能スピンアウト型の事例として、総合店のノウハウや機能を販売するＦＣ本部化の取り組みを紹介したい。

スイーツ全般を扱っている大型の小売店が、プリンだけを切り出してフランチャイズ展開していくというように、自社の売れ筋商品の１つをスピンアウトし、フランチャイズ化していくような形が、機能スピンアウト型に該当する。

機能スピンアウト型の例（FC本部化）

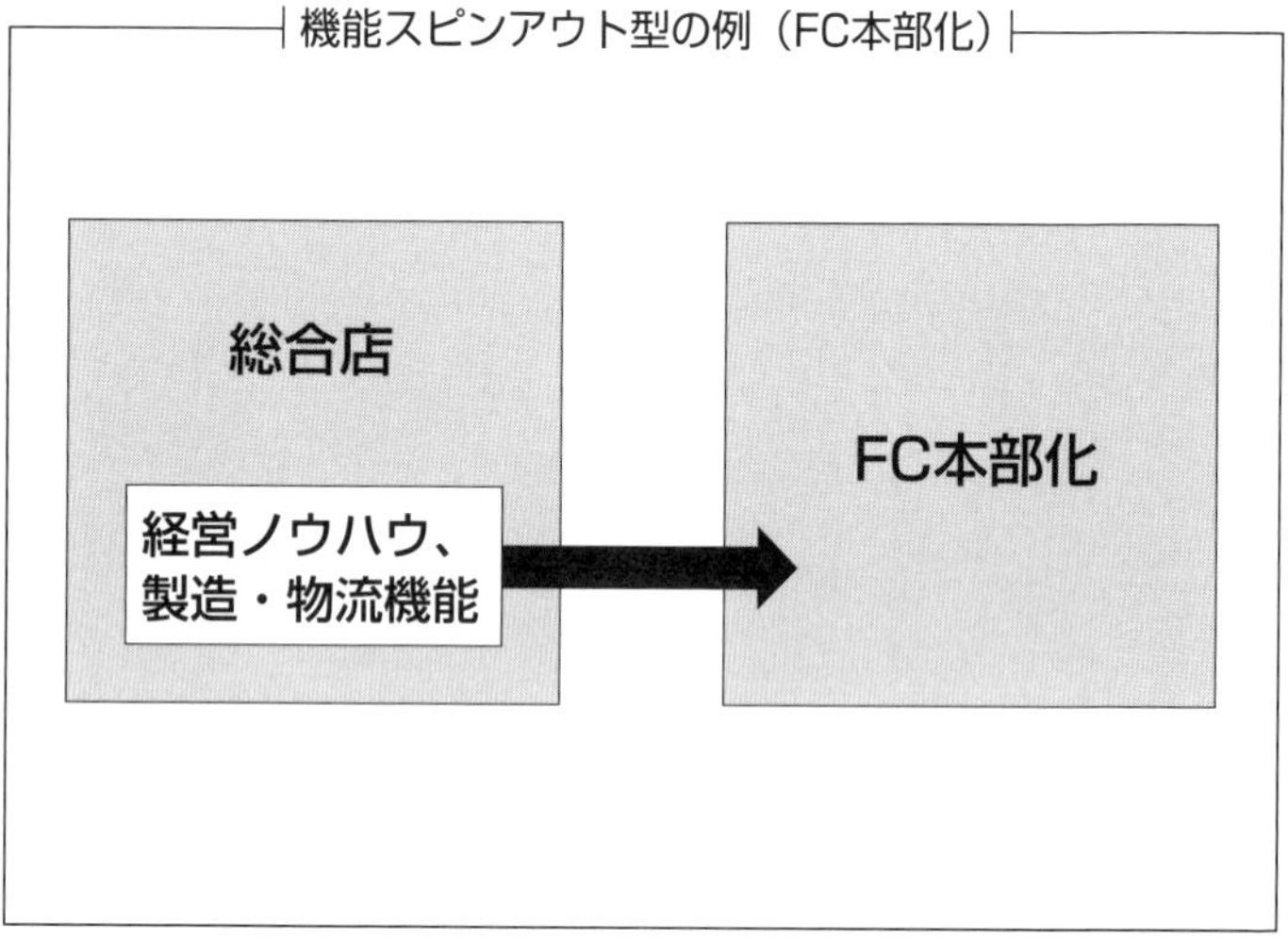

総合店の場合、出店には一定の面積や市場規模が必要になるが、単品型・小投資型の店舗ならば、1店舗当たりの売上は小さいものの、日本全国様々なところで出店ができうるというメリットがある。

このように、自社に特有の機能を販売するために事業化していくのが機能スピンアウト型になる。

店舗型FC本部は「自社が持っている経営資源を他社に対して販売していく」ビジネスモデルのため、この型の代表的なものと言えるだろう。

地域コングロマリット経営の5つの戦略類型のメリット・デメリット例

戦略類型	メリット	デメリット
①異業種混合型	・新規業種参入による新たな市場を付加できる ・FC ビジネスにより参入しやすい	・既存事業の資源転用がしづらく、事業が小粒化しやすい ・社内稟議が通りづらい
②客層特化型	・客層がイメージしやすい ・既存事業の経験から事業を把握・発掘しやすい ・新規顧客開拓がほぼ不要	・事業を増やすほどに小粒化していきやすい ・既存取引先（仕入、販売先）と競合になる
③事業ドメイン特化型	・客層がイメージしやすい ・新規顧客の獲得が期待できる ・送客によるシナジーが生まれる	・事業同士でのカニバリゼーションが生まれる
④サプライチェーン統合型	・売上と利益率の向上が見込める ・既存事業の品質向上が見込める	・既存取引先（仕入、販売先）と競合になる ・事業同士での資源共有がしづらい
⑤機能スピンアウト型	・スモールスタートがしやすい ・(間接部門なら)コストセンターを収益センター化できる ・(FC モデルなら)資源調達を FC 加盟店に任せられるため、全国展開がしやすい	・他企業向けのカスタマイズが必要 ・顧客開拓機能を付加する必要がある

成長ステージから戦略を捉える

成長ステージと地域コングロマリット経営戦略の定石

前項では、地域コングロマリット経営の5つの戦略類型について説明してきた。それぞれで述べたとおり、メリット・デメリットが異なる。企業ごとのビジョンやミッションなどによって選び方は変わる。

ただ、著者が多くの企業を見ていると、定石のようなものがあると感じる。企業規模により適性があるのだ。

本章の冒頭で触れた、企業の5段階の成長ステージについて思い出してほしい。企業は売上高（従業員数）別に5つの成長ステージに分けられ、それぞれに調達すべきものや、調達の仕方が異なってくる。そして実は、この5段階の成長ステージと地域コングロマリット経営戦略の５つの戦略類型を掛け合わせたときに、定石が見えてくるのだ。

次ページの図は、成長ステージごとに適した地域コングロマリット経営戦略を示したものだ。

まず、10億～30億円（50人）のステージでは調達力がそれほどあるわけではない。そこで、新たな経営資源をそれほど必要としない客層特化型や事業ドメイン特化型が適しているいると考えられる。

次に30億～１００億円（50～１００人）では、それらに加えて機能スピンアウト型もあり得る。機能スピンアウト型は顧客開拓の必要がある点で、人材などが必要であり、企業規模があったほうが進めやすい。ただし、フランチャイズ本部となって事業展開を検討するなら、どこまで再現度の高いビジネスとしてパッケージ化できるかが肝となってくる。

そして調達力が拡大する１００億～３００億円（１００～３００人）となると、異業種混合型もいい。市場規模の大きな事業に参入できるため、より成長を加速できるだろう。

成長ステージと地域コングロマリット経営の５つの類型

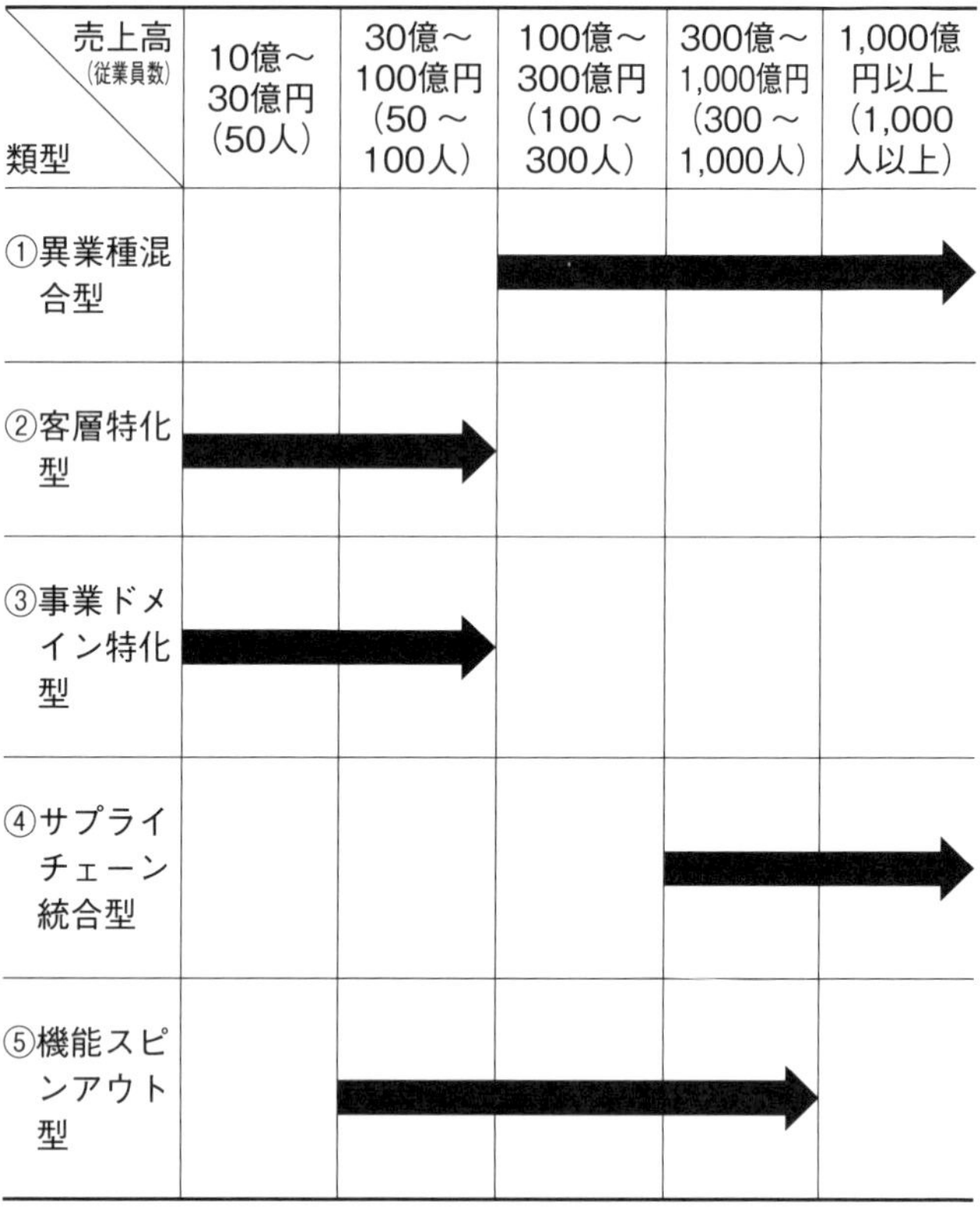

また、企業によっては、採用のためのブランディング要素として、異業種混合型を検討すべき段階でもある。

３００億〜１０００億円（３００〜１０００人）では、サプライチェーン統合型も検討できる。サプライチェーン統合型では、取引先が競合になるため、主導権が取れていないと参入が難しい部分があるが、この規模ともなれば比較的優位に進めることができるだろう。

最後に１０００億円以上（１０００人以上）では、小さな事業をたくさんやるよりは大きな事業を狙うことが定石である。すると、より大きなマーケットに参入していく異業種混合型やサプライチェーン統合型が適当だろう。

以上が5段階の成長ステージから見た、地域コングロマリット経営戦略の定石だ。例外もあることをお断りしておくが、ひとつの参考になると思っている。

リスクを理解し対応する

ありがちなリスクについて、もう少し述べておく。

経営には大胆さも必要だが、リスクを踏まえた慎重さを欠いては、単に無謀なだけだ。富士登山とエベレスト登山では装備が違う。そして「エベレスト登山を目指しながら、片やボートでの太平洋横断を目指している」というようなことが、地域コングロマリット経営ではあり得る。

異業種混合型なら、まったく新しい事業となるため、それがイメージしやすいだろう。ただ、客層特化型や事業ドメイン特化型、サプライチェーン統合型のように、同じ業種や業界の中で新規事業を展開するとなると、ともすると同じ文化を共有していると錯覚して、意外なズレにつまずくことがある。

例えば、製造開発機能に比べて、営業機能は多事業に転用しやすい。

しかし客層特化型であれば、同じ商品・サービスに対して関わり方が異なり、それぞれの知識が違ってくる。もともとクルマを売っていた営業員が、新たに自動車保険を売ろうとすると、保険の知識や、あるいは資格勉強が必要となる。同業種として一定程度の知識は持っているだろうから、まったくのゼロからのスタートではないにしても、多少の負荷はかかる。

事業ドメイン特化型にしても同じで、同じカテゴリーの商品・サービスを売るにしても、価格帯が異なるとアプローチが変わってくる。

こんな話を聞いたことがある。注文住宅を売ってきた営業員は、分譲住宅を売るのは苦手な人が多いのだそうだ。

注文住宅ではデザイン設計から素材まで一つひとつ考え抜いて作られる。注文住宅に比べれば分譲住宅はそれほどではない。そこで注文住宅を売ってきた営業員にとっては、分譲住宅の〝欠点〟ばかりが目についてしまい、流暢な営業トークが難しくなるのだとか。逆に分譲住宅を売ってきた営業員には、注文住宅のすべてがよく見えて、「こんなに素晴らしいところがあります」と語り、商品の魅力をいっそうアピールできるのだという。

営業機能は転用しやすいが、異なる価格帯の商品・サービスだと、その力が発揮されないことがある。高価格帯を売ってきた経験は、他の高価格帯の商品・サービスで活かしやすい。また、マーケティング手法も価格帯により似通ってくるところがある。

ではそれぞれ異なる営業を置くことで問題が解決するかというと、今度はまた違う落とし穴に陥る可能性がある。セクショナリズムの問題だ。これは地域コングロマリット経営の全般に言えることだが、事業を増やしていくとセクショナリズムを生みやすい。本来はそれぞれの強みを活かし合えればいいのだが、コミュニケーションが取りづらいなどの課題があると、シナジーは生まれない。

価格帯や利用スタイルの異なる商品・サービスを取りそろえる事業ドメイン特化型の場合、「A事業に問い合わせがあったが、ヒアリングをしているとB事業のほうがよさそうだ」ということもある。そこで送客の仕組みがなければ、動きがとれない。やはり自分たちの事業こそ、組織に貢献したいという想いがあるのは当然で、極端な話では顧客を囲い込むこともないとは言い切れない。それまでは無縁だったかもしれない〝大企業病〟も起こり得るのだ。そこで送客の際のインセンティブを整えるなど、全社的な仕組みを設けることも大事なポイントだ。

さらに既存事業と新規事業で、ものの考え方が真逆ということもある。サプライチェーン統合型で言えば、製造業や卸売業と、小売業では考え方が異なる。製造や卸売はB to Bだが、小売はB to Cが基本。必要な機能が違う。そのため小売業を始めた、川上の企業が失敗することがある。

例えば、在庫に対する捉え方は、製造業と小売業ではまったく逆だ。製造業では在庫は持たないほうがよいとされる。ところが小売業では、どちらかと言えば在庫を多く持つことで売上につなげるという考え方だ。それぞれのビジネスモデルを把握しておかないと、会話すら成り立たなくても不思議でない。

癖というものはなかなか抜けない。営業で言えば、特に本業が強いＢtoＢ企業ほど、取引先に対して優位に話を進めてきたと思う。しかしＢtoＣになった場合、その優位性はそれほど意味を持たなくなる。そこで、癖が抜けずに、悪く言えば〝殿様商売〟になってしまうことがある。これでは本来は売れるものであっても、売れない。

また、食品の卸売業がレストランを開いたとしよう。卸売なら顧客と15分打ち合わせをして商品を買ってもらえればいいかもしれない。しかし、レストランで15分もかからなければ選べないようなメニューを置くわけにはいかない。「０・４秒で何屋かわからなければいけない」という世界だ。メニュー作り、調理・提供のオペレーション、広告宣伝……。すべて常識にこだわることもないが、知らずして常識外れなことをした結果、事業を危うくすることのないようにしてもらいたい。

これらは主にサプライチェーン統合型の例だが、機能スピンアウト型で間接部門を事業化するときにもあり得るだろう。間接部門と直接部門は文化が違う。事業化によって、間接部門を直接部門的にしていくときには念頭に置いておこう。

文化で言えば、働き方でも違いはある。ＩＴ業界ではＴシャツにジーンズで、出勤時間・場所も柔軟という働き方は不思議ではないが、トラディショナルな業界では「スーツで９時出社」が一般的だ。これを一緒くたに考えると摩擦が生じやすい。

他にも、やや異なる観点では、評価制度や組織体系にもリスクが潜んでいる。既存事業と新規事業で、必要な人材のスキルが異なることがある。第２章でデジタル人材は新卒でも年収１０００万円で受け入れるという例を紹介したが、他の業種で同じような制度を設けることはなかなか難しいと思う。すると、デジタル人材が必要な事業を始めた場合、既存事業とは給与水準がまったく異なる事態が生じ、不満が生まれることもあるだろう。

また給与体系の違いから、事業の収支が合わないということもある。

例えば、製造業から飲食業へと参入し、製造業の正社員を飲食業へと配置転換したときに赤字が続くことがある。これは業種ごとの生産性や販売単価により、人材の配置が異なることが理由だ。総務省の「労働力調査　２０２２年」によれば、製造業の正社員

業種別の正規雇用者・非正規雇用者

単位：万人

	総数		正規雇用者		非正規雇用者	
全産業	5,709	100.0%	3,597	63.0%	2,111	37.0%
製造業	962	100.0%	716	74.4%	245	25.5%
宿泊業、飲食サービス業	323	100.0%	82	25.4%	241	74.6%
生活関連サービス業、娯楽業	159	100.0%	72	45.3%	87	54.7%
卸売業、小売業	903	100.0%	452	50.1%	450	49.8%

出典：総務省「令和4年労働力調査」を加工して著者作成

比率は74・4％だが、宿泊業、飲食サービス業では25・4％となっている。当然、正社員の給与のほうが高い。

既存事業と新規事業のルールを一本化するのは難しい部分がある。そのため、会社を分けて、ホールディングス化やグループ化によって新規事業を進めていくことも必要だろう。ホールディングス化については第6章を参考にしてもらいたい。

既存事業で成長してきたからこそ、経営者も現場の従業員たちも、すべてを既存事業で培った色眼鏡で物事を見がちだ。しかし、新しい領域には新しいルールがあるかもしれないことを忘れてはならない。

地域コングロマリット経営における参入と撤退

さて、本章の最後に、地域コングロマリット経営における参入と撤退についても触れておきたい。

これまでも述べてきたが、地域コングロマリット経営では地域内の他企業が競合になる。狭い世界であれば、よい噂も悪い噂も立ちやすい。もしかしたら縄張り意識も強いかもしれない。もともとの人間関係から、気が引けるケースもあると思う。

これは地域であれば起こり得る話で、仕方のない部分でもある。また、そもそも事業とは競合がいるものなのだから、考え過ぎても始まらないとも言える。

ただ、その感情的な抵抗を和らげたいと思うのであれば、救済型のM&Aにより新規事業に入っていくという方法がある。後継者不在の企業に対してのM&Aで、その企業が地域で営んできた事業を残すことができる。

また、既存の取引先の業界への参入は避けるというのもひとつの考え方だ。あえて、いばらの道を行くことは著者としても積極的に勧めるものではない。

こうした参入での懸念よりも実は重要なのが、**撤退の判断**である。水を差すようだが、**参入の際に、あらかじめ撤退のことも考えなければならない**。

新規事業は、ときに実際の数字よりも、感情的なこだわりが優先されることがある。経営者のかねてからの夢によって無理を通して始めた場合など、赤字続きになっても、さらに無理な投資を重ねて先が見えなくなることもあるだろう。あるいは先代社長が大事に思って始めた事業についてはどうか。「数字には表われないが、当グループのブランディングにつながっている。実際、求人に応募が集まるのはこの事業のおかげだ」と、なかなか効果の測りにくいことを言われたらどうか。周りは、いさめることができるだろうか。

もちろん、いつどんなチャンスが降ってくるとも限らない。赤字事業の改善に効果的な機能が手に入ったり、有力な連携先と知り合えたりするかもしれない。けれども、そのような「もしかしたら」ばかりで、現実には赤字を垂れ流し続けていれば、いつしか本業の経営すら危うくなる。

明らかに数字で結果が見えていたり、リスクを感じていたりしても、経営者自身のしがらみや現場の責任感などから、事業の撤退判断が先延ばしにされることはよくある話である。

そこで参入時の事業計画に、撤退基準をあらかじめ設けておくことを勧める。利益や集客数などの基準と同時に、期限も切る。1年後か3年後か、それは事業のサイクルや、企業の考え方によって異なるだろう。いずれにしても「1年後に単月黒字化していなければ、即時撤退する」などと決めたうえで参入したい。また、基準に達しなければドラスティックに即時撤退としてもいいが、そこを見直すタイミングとしておくのもいい。

〝議論をする約束〟を結んでおくのも大事だ。

中堅以上の企業を見ていると、時限を切って、経常利益ベースや営業利益ベースでの判断基準を設けていることは当然として、そこまでのプロセス管理も徹底していることが多い。「何年後に、どこのエリアで、どのように展開していくか」「事業への経営資源の配分はどうするか」「これらを管理し、事業を遂行していく人材はどのように確保し、あるいは育てていくか」……。これらを細かくチェックしながら、半期ごとなどに確認する。そうして、決められた時期に判断をしている。

船井総研では、新規事業参入の際に聞くことがある。

「ベンチマークはどこですか？」

ベンチマークがあり、そこでわかる数字があれば、判断基準を割り出しやすい。また、事業自体も進めやすいだろう。

本章の冒頭で、「企業の成長力とは、調達力」だと述べた。

ここまで、企業の5段階の成長ステージと地域コングロマリット経営戦略の5つの戦略類型を中心に説明してきたことで、より具体的なイメージを手に入れていただけたと思う。そのイメージこそ、成長力につながっていく。

どのような地域コングロマリットとなっていきたいか。

そのイメージを描いていただいたうえで、次章では3つの経営判断について説明していきたい。

第6章

リーダーに求められる3つの判断

Regional Conglomerate Management

自前型新規事業×M&A型新規事業

新規事業を始める際の経営判断

経営者は常に判断が求められる。

判断に必要なのは、鳥の目と虫の目だ。長期ビジョンを見る鳥の目と、短期業績を見る虫の目のうち、優先すべきは鳥の目だ。

「未来は予測できない」と言われる。本当だろうか。

これまで述べてきたように、大きな方向性はある程度見えている。人口減少に伴う労働者の減少、ITテクノロジーの進化によるAIの実装、後継者不在を受けての事業承継や廃業、そして業界再編……。

マクロ環境の変化は経営判断に影響を及ぼす。戦略の選択肢が増えるだけでなく、昨日の常識が今日の非常識になっていることすらある。経営判断による業績の格差は広がる一方だ。既成概念を取り払い、自社に合った最良の戦略を選択し、成長を加速させてほしい。

そこで本章では、**地域コングロマリット経営において主要な3つの経営判断**について述べる。**事業導入、資金調達、組織整備**だ。

まずは事業導入の手法について説明していく。

事業を始めるにあたっては、自前型新規事業を選ぶか、M&A型新規事業を選ぶかという大きな分かれ道がある。簡単に言えば、自社にすでにある資源を元にして事業を始めるか、またはM&Aにより社外の資源を得ることで事業を付加するか。いずれが正解というわけでなく、一長一短があることを理解しておこう。

自前型新規事業の安心感と制約

経営者にとって、企業内から生まれる新規事業には、どこか安心感があると思う。

生え抜きの役員が新規事業を主導してくれるなら、なおさらだ。既存事業を通じて、お互いに共有している価値観や背景も多く、信頼しながら進めることができるだろう。もし、創業期からいる相手であれば、その頃の苦労が新規事業を進めていくにあたっても活きるかもしれない。また、企業にはそれぞれの文化があるが、既存事業で相手は慣れているはずだから、新しい事業でもその文化が引き継がれていくことが期待できる。新しい事業を始めても、異端とならずに、その企業独自のＤＮＡを保ったままに拡大できると考えられる。

この人間関係と文化形成のうえでの安心感が、自前型新規事業の何よりのメリットだ。

ではデメリットは何だろうか。

自前型では「既存事業に慣れている」ということがデメリットとなる。既存事業に慣れているということは、既成概念を持っていることを意味する。つまり無意識に既存事業の枠組みという制約を設けてしまうことがあり、それを飛び越えることが難しくなってしまうのだ。

特に既存事業が強いということは、その事業の生産性を上げることについて尽力し、徹底的に磨き上げてきたはずだ。多くの成功事例と失敗事例を積み重ね、そこから必勝法を得てきたことだろう。そしてその必勝法こそ、新規事業の推進にあたっては足かせになる可能性が低くない。

第5章では、客層特化型や事業ドメイン特化型など、なるべく既存事業に近いものを新規事業に選ぶことでリスクを下げられることを説明した。ただ、そうは言っても既存事業と新規事業とは別物であり、必要以上に既存事業の発想にこだわってはならず、むしろ既存事業にはない発想や能力が求められる。

では、社内から既存事業にない発想や能力を持つ人材を育てることができれば、これほどいいことはないのではないか。人間関係は築かれており、企業文化への理解もあり、そして新規事業に対応できる能力がある。

しかしこの場合、すぐに想像のつくとおり、3つのリスクがある。

ひとつ目は、そもそも人を育てるには時間がかかる。少なくとも5年はかかると考えておいたほうがいいだろう。

2つ目は、それを伸ばせば事業に活かせるという能力は見極めづらい。今、有効だと考える能力も、それが身につく5年後に本当に有効かどうかは不確実だ。

さらに3つ目は、育てたところで離職しないという約束はない。転職が当たり前になっている現代では、1社に長くいてくれるほうが珍しいと考えておいたほうがいい。新しく事業を作るというときには、おそらく自前型を第一に考える経営者が多いはずだ。しかし、まずはこのようなメリット・デメリットがあることを押さえておきたい。

M&A型新規事業という選択肢

新たに事業を始める際の、もう一方の選択肢がM&A型新規事業である。すでにある経営資源やノウハウを自社に組み込むことで、スピード感を持って新規事業をスタートさせることができる。特に前項で述べた自前型新規事業を盤石にするための人材育成における3つのリスクをすべて避けられる。育成する時間を省ける分、「育てた能力が結局役に立たないのでは……」や「育成期間中に離職するのでは……」といった心配もない。自前型新規事業は、今作りたい料理のためにタネから野菜を育てるようなものだ。収穫は先でもどかしくはあるが、育てる安心感がある。片やM&A型新規事業は、料理のために加工された野菜を買うようなもの。スピード感がまったく違う。

さらに第2章で述べたとおり、事業承継M&Aの件数は増加傾向にある。経営者の高齢化は著しい。東京商工リサーチ「2022年『全国社長の年齢』調査」によれば、2022年の経営者の平均年齢は2009年以降で最高の63・02歳となった。参考までに、同調査では、経営者が高齢であるほど減収企業率が高いことも指摘している。

今後もM&Aは増えることが予想される。貴重な日本の多くの中小企業のノウハウをいかに継承していくかという観点で、M&Aは重要だと考えられる。大げさに言えば、M&Aは失われかねない文化を次世代へと引き継ぐことでもあり、自社にない事業や経営資源などを手に入れるチャンスでもある。

M&A型新規事業のメリットは、大きく言えば以下の3つになる。

ひとつ目は、時間を買えるということだ。繰り返しになるが、自前型の場合は、ほぼゼロから準備をしなければならないが、M&Aの場合はすでに売上や利益がある企業を譲り受ける。そのタイミングから、利益を見込むことができるのだ。

2つ目のメリットは、経営資源を確保できること。特に人材を確保できることは大きい。新規事業のための人材を新たに採用するのでは計画が立てづらい。自社で育成するのでは時間がかかる。しかしM＆Aでは人材も合わせて譲り受けるケースが多いため、採用に頭を悩ませなくても済むだろう。

そして3つ目のメリットが、ある程度の数字を見込めることである。すでに活動している事業の実際の営業成績などから、自社で譲り受けた際にどのように売上や利益を作っていくかが見込みやすい。

では反面、デメリットはどうか。代表的な2つを挙げよう。

まずは、そもそもM＆Aには資金が必要だ。自前型よりも、コストがかかるというケースもある。また、借入金を引き継がないといけないこともある。よくある声に「M＆Aでの新規事業参入は割高ではないか」というものがある。しかし割高かどうかは、その相手先と自社の置かれた状況や、期待されるシナジーにもよる。

またきちんと将来性を踏まえることは原則だ。例えば参入のための投資が「自前型では1000万円、M＆Aでは1億円」という新規事業があるとしよう。このとき、10倍違うからと言って、「自前型で進める」という発想は黄信号だ。将来的に生み出す利益がM＆Aのほうが高く、投資効率がいい場合もある。将来のキャッシュフローなどから

都道府県別 社長の平均年齢

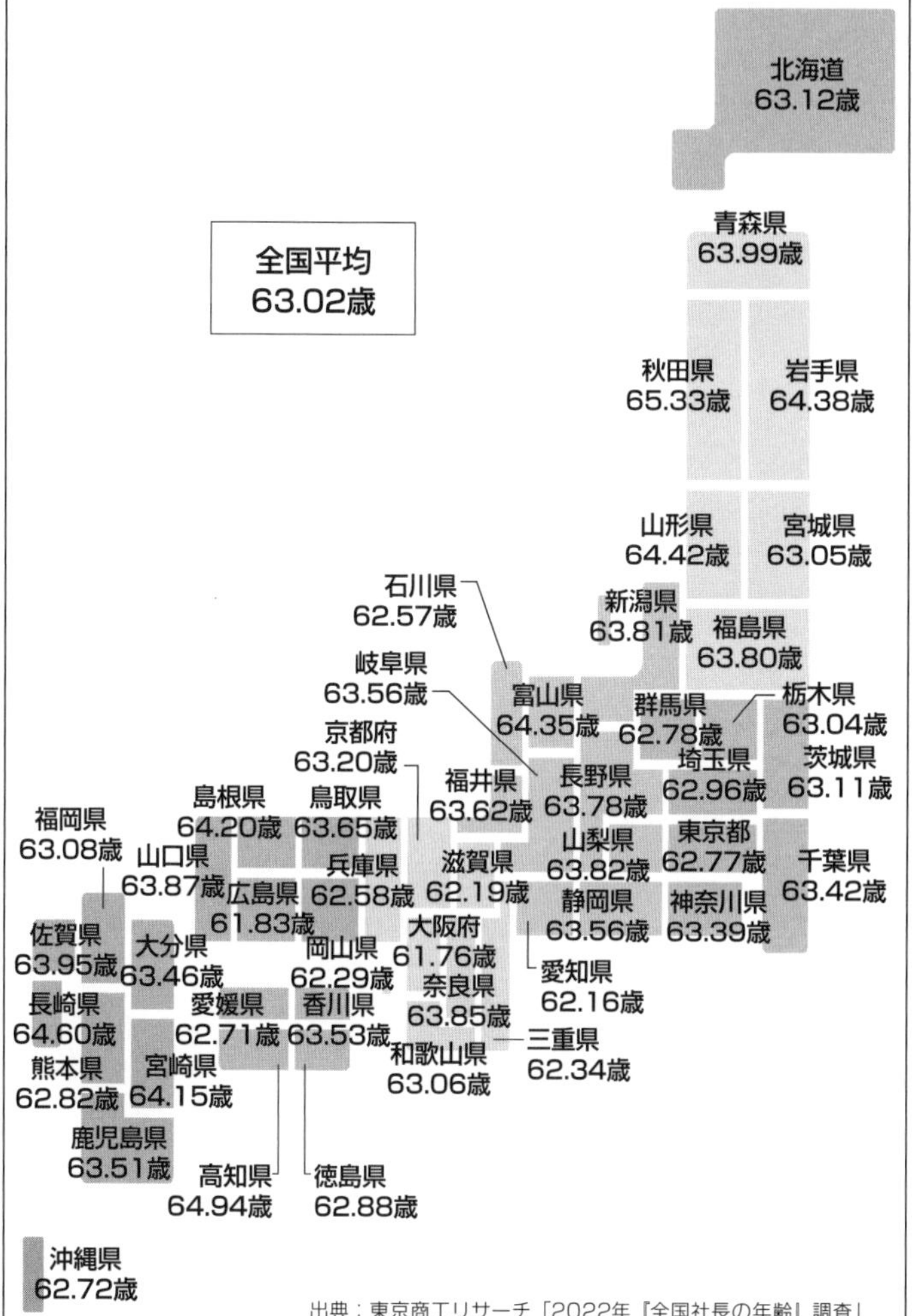
北海道
63.12歳
青森県
63.99歳
全国平均
63.02歳
秋田県
65.33歳
岩手県
64.38歳
山形県
64.42歳
宮城県
63.05歳
石川県
62.57歳
新潟県
63.81歳
福島県
63.80歳
岐阜県
63.56歳
富山県
64.35歳
群馬県
62.78歳
栃木県
63.04歳
京都府
63.20歳
埼玉県
62.96歳
茨城県
63.11歳
福井県
63.62歳
長野県
63.78歳
島根県
64.20歳
鳥取県
63.65歳
福岡県
63.08歳
山口県
63.87歳
兵庫県
62.58歳
滋賀県
62.19歳
山梨県
63.82歳
東京都
62.77歳
千葉県
63.42歳
広島県
61.83歳
静岡県
63.56歳
神奈川県
63.39歳
佐賀県
63.95歳
大分県
63.46歳
岡山県
62.29歳
大阪府
61.76歳
愛知県
62.16歳
長崎県
64.60歳
愛媛県
62.71歳
香川県
63.53歳
奈良県
63.85歳
三重県
62.34歳
熊本県
62.82歳
宮崎県
64.15歳
和歌山県
63.06歳
鹿児島県
63.51歳
高知県
64.94歳
徳島県
62.88歳
沖縄県
62.72歳

出典：東京商工リサーチ「2022年『全国社長の年齢』調査」

現在の事業価値を見据えて判断する必要がある。なお、この事業価値は恣意的な解釈も入りやすいため、客観的な意見をもらうということもポイントとなる。

次に、統合のプロセスが必要という点も押さえておこう。

譲り受けた企業と自社の文化が同じということはない。そこで互いを尊重し合いながら、企業文化を擦り合わせていくプロセスが必要となる。例えば、ある経営者はM&Aの際に、「同じくらいの成長志向を持っているか」を判断基準に置いていると話していた。後継者不在により継続が難しい事業の場合、成長志向があっても、やむを得ずに売りに出されることがある。こうした事業を選ぶことで、成長志向という企業文化は薄まりにくい。

他にも統合においては、会計などの業務についても必要となる。大小いくつもの差異があるということは、あらかじめ理解しておかなければならない。無理に馴染ませようとすると、歪みが生じかねない。

これらデメリットがメリットを上回れば、投資対効果が低くなり、失敗と見なされることになる。

ここでデータをひとつ紹介しよう。デロイトトーマツコンサルティングの2017年の調査によれば、日本企業の海外M&Aの成功確率は37%で、失敗は21%だ。これは経団連加盟企業を中心とする145社を対象としたアンケート回答である。

ここでの成功の定義は、M&A実行時の目標の8割超を達成できていることを指す。失敗とは5割未満だ。このデータは、企業規模感や海外企業のM&Aという点で、本書の読者からは遠く、あくまで参考程度ではあるが、著者はここでの37%という成功確率には明るいものを感じている。

先述のとおり、新規事業はゼロイチも含めれば、その9割が失敗するとも言われている。比べればM&Aの失敗率は圧倒的に低い。

さらに、人は経験により学ぶことができる。失敗は成功の母と言う。M&Aにおいても、経験を重ねることで成功確率を上げることができるはずだ。

M&Aの一般的な流れ

ここで、M&Aの流れについて簡単に説明しておきたい。

まず、M&Aにはいくつかの方法がある。M&Aは「Mergers and Acquisitions」、

つまり「合併と買収」と言うように、大きくは2つに分かれる。

合併とはA社とB社が新たにC社を作ってA社とB社の機能を移したり（新設合併）、A社の中にB社の機能を移したりする（吸収合併）。

買収の場合、事業や資産に対して対価を払ったり、株式取得のために対価を払ったりする。

本書では実践的な知識を得ていただくことを目的に、もっとも多く扱われるスキームとして、「株式譲渡」を中心に買い手企業の目線から説明していく。

株式譲渡によるM&Aは、他の企業の株式を取得することで、相手企業を統合する方法だ。現金を株式取得に充て、相手企業の株式の過半数を得ることで経営権を譲り受ける。

株式譲渡が成立するまでには、一般的には以下のステップを踏む。

まずは買い手と売り手が株式譲渡契約を締結する。この契約には、株式譲渡の条件や価格、決済日などが含まれる。次に、取締役会および株主総会で株式譲渡の承諾決議を行なう。その後、売り手には株券（株券発行会社の場合）、株式名義書換請求書兼株主票、会社実印、印鑑証明書、銀行印、通帳、鍵などを準備してもらうことになる。そして、

M&Aのスキーム一覧

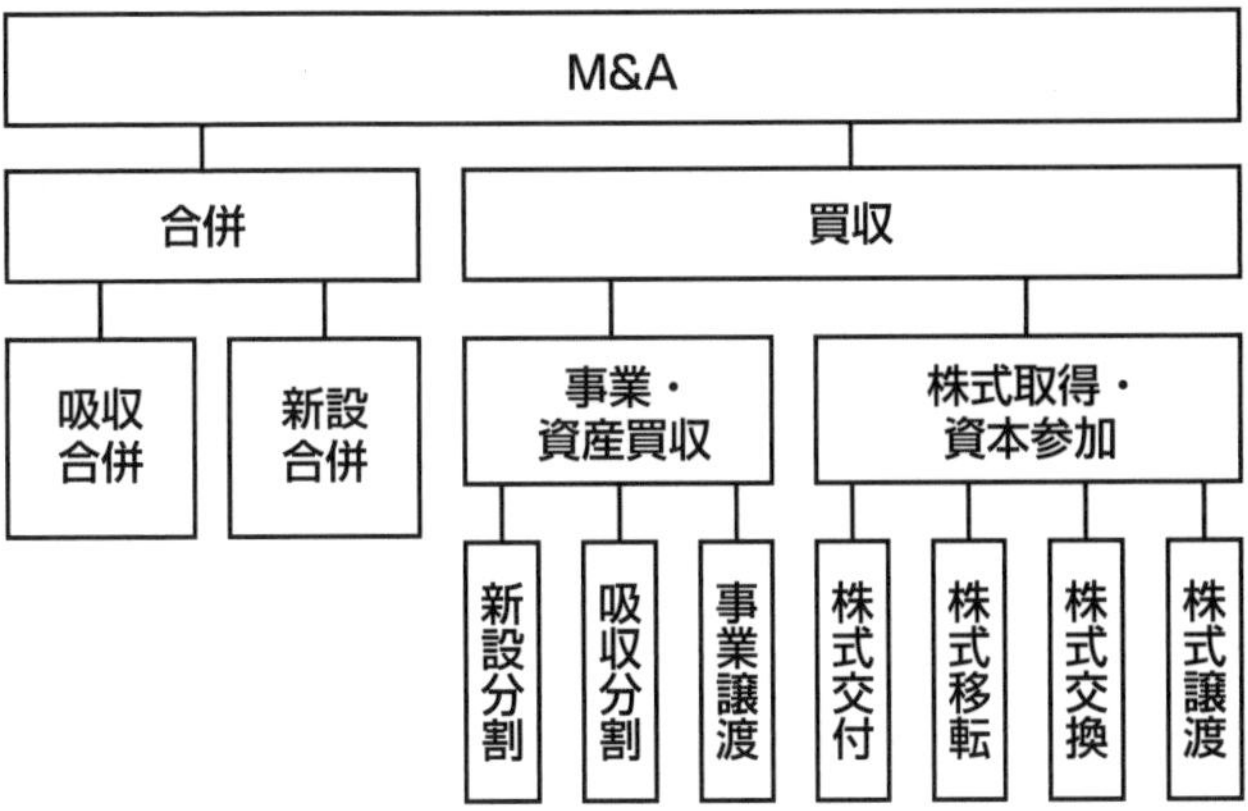

株式譲渡によるM&Aのスキーム

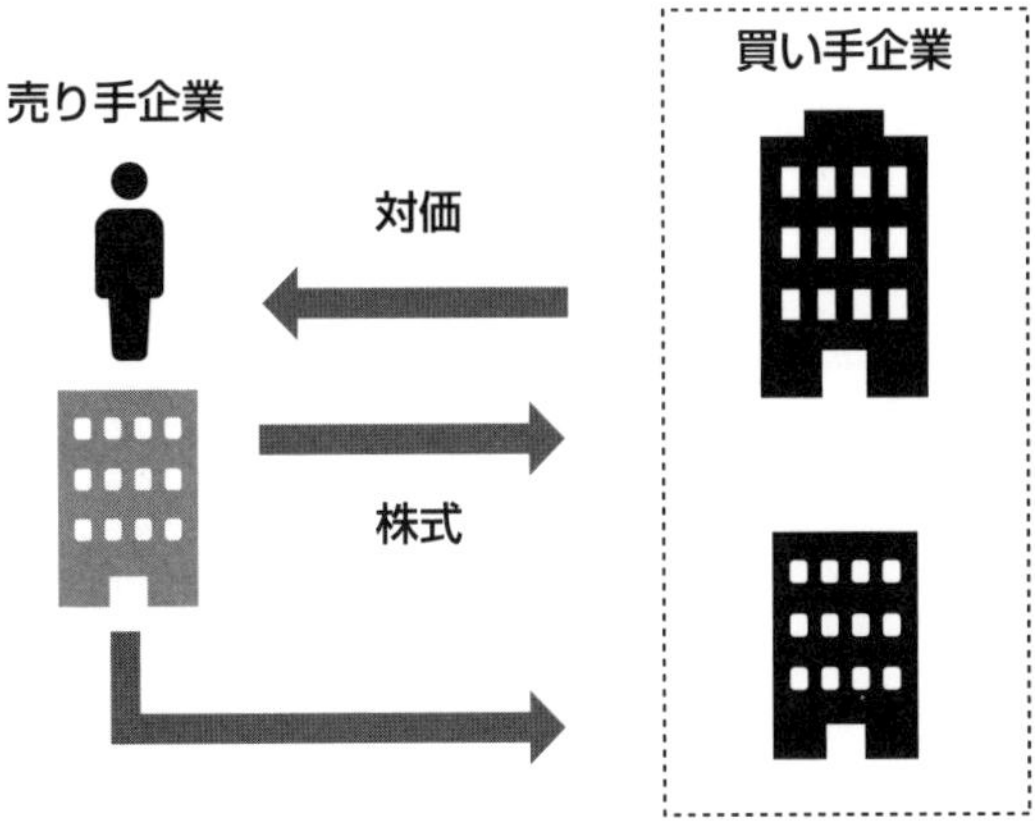

決済日を迎えると、売り手に対して、株式の譲渡価格を支払う。支払いが完了すれば、株式譲渡は完了となる。買い手は株式の所有者となり、売り手は株式の所有権を失う。また、取締役などの変更登記が必要な場合は登記申請を行なう。

当然ながら、これらのステップを踏むことに加え、契約書に従うことが重要となる。従わなければ、M&Aが成立しない可能性が生じてくる。補足すると、株式譲渡には税金や手数料が発生する場合がある。専門的な分野でもあるため、専門家に確認しておくといいだろう。

また大事なポイントが企業価値の評価だ。譲渡価格を決定するうえで重要な要素となる。企業価値の評価法はさまざまだが、一般的な方法は3つある。コストアプローチ、インカムアプローチ、マーケットアプローチである。3つの考え方の中にも様々な算出方法があるが、企業の業績や成長性、市場環境などに応じて最適な評価方法を選択し、譲渡価格を決定していく。

M&Aには先述したようなリスクもある。既存事業への影響がないとも言い切れない。そのためにも、十分なデューデリジェンス（事前調査）を行ない、リスクを把握することが重要となる。

代表的な企業価値の評価法

年買法 （コストアプローチの一種）	時価純資産にのれん代を足して算出する方法。のれん代の算出式は実態収益力×○年分。 ※○年は業種によって異なる
DCF法 （インカムアプローチの一種）	将来のキャッシュフローを現在価値に割り引いて評価する方法。将来のキャッシュフローの予測に基づき、将来の収益性や成長性を反映しているため、成長企業や未上場企業に対して有効な方法とされる。
マルチプル法 （マーケットアプローチの一種）	株式市場での類似企業の評価額を基に企業価値を評価する方法。上場企業の企業価値（EV）／償却前営業利益（EBITDA）で倍率（マルチプル）を算出し、自社のEBITDAに掛け合わせる。その後、現金（cash）と借入（debt）の差額を足し合わせる。

船井総研が考える事業性評価

デューデリジェンスはM&Aの成否を左右する。

特に著者が重要だと考えるのが、ビジネスデューデリジェンス（事業デューデリジェンス）である。財務や会計について調査する財務デューデリジェンスや、税務デューデリジェンスが重要であることはもちろんだが、ビジネスモデルの把握やM&A後のシナジーなどの事業性評価として、ビジネスデューデリジェンスは欠かせない。財務の観点だけの短絡的なM&Aで失敗する例も多い。「割のいい話はない」と思ったほうがいいだろう。

ビジネスデューデリジェンスでは市場マーケット調査をはじめ、競合やビジネスモデル、経営管理数値、将来のキャッシュフローなど、多岐にわたって分析・調査を行なう。

ここでありがちなのが、市場環境のデータだけを材料に業界予測を立ててしまうというものだ。

ひとつ実際にあった話を紹介しよう。

日本は高齢化により、今後、団塊世代が老いを迎えることになる。そのため死亡者数が急増するとされる。そしてここから「墓石の市場は拡大する」という予測があった。果たして、これは本当だろうか。今日、追悼の価値観は多様化している。納骨堂の利用や、樹木葬を選ぶなど、墓石を必要としていない人も少なくない。市場は縮小の一途を辿っている現状がある。

これはデータだけを見て業界のことを知らないという例である。そして実際に、この予測を元に、墓石の事業を買ったが業績が伸びず半年で撤退したという話があるから笑えない。

ビジネスデューデリジェンスをきちんと行なうことで、M&A後の統合プロセス（PMI）もスムーズに進められる。売り手のビジネスモデルの事前把握がそのときにも役に立つからだ。また、デューデリジェンスで洗い出した成長戦略を実施する体制をM&A後100日以内には作ろう。この「100日計画」を立てたい。

新規事業への参入となると、基本的に業界知識は乏しい。業界を知るためにも、ベンチマークとする企業の動きを見たり、ヒアリングを行なったりしながら業界の生々しい実状に触れることを勧める。

ただしM&Aの検討過程については、必要以上に社内外に知られないように注意してほしい。不要な憶測を抱かれれば、企業価値の低下やキーパーソンの離職などにもつながり、結果的にM&Aの交渉が破断になるケースもある。

「割のいい話はない」と先述したが、実は、自社にとってだけ割のいい話はあり得る。ビジネスデューデリジェンスの結果、「他社ではその会社の価値を上げられないけれども、自分たちとは相性がいい」ということが見えてきたりする。これこそ「割のいい話」だ。

また、デューデリジェンスももちろんだが、自社の長期計画の中で必要なことが明確でないと、判断も難しい。相手のことも、自社のことも知るからこそ、お互いの強みを引き出し合える。

M&Aに成功している企業には、統合ビジョンがある。どのように新規事業を成長させ、既存事業とのシナジーを生み、そして企業として拡大していくか。具体的な絵を描いていこう。

統合ビジョンが重要であることは、もちろん自前型においても同じだ。

自前型とM&A型を組み合わせる

Ｍ＆Ａのポイントについて説明してきたが、ここで最大の難点をきちんと押さえておこう。

Ｍ＆Ａは相手があることで、予測がつかない。適当な企業があるか、そしてその実態の把握など、不確定要素は大きい。

それでもＭ＆Ａによる成長を前提に経営計画を立てる例はある。ＩＴ業のＳＨＩＦＴグループは積極的なＭ＆Ａにより成長してきた。同社はグループ各社の役割をマッピングして、必要なターゲット領域を定めて企業選定を行なっている。そのためにも組織内にはＭ＆Ａの専属体制を設けており、仕組み化している。

ただ、こうした例は珍しく、また簡単に真似できるものでもない。

この点では、自前型新規事業に分がある。社内で制御しやすく、時間はかかろうとも、計画立てて遂行していけるメリットは大きい。

そこで著者としては、自前型新規事業とＭ＆Ａ型新規事業を併走させて考えていくことが有効な戦略だと考えている。自前型で準備を進めながら、同時にM&Aを前提に積極的に企業を探し、M&Aが成約したときには、あらかじめ育成してきた人材を投入していく。

そのため、適切なM&Aの情報が入るようにしておきたい。複数のポータルサイトへの登録や、複数の専門家とコミュニケーションを取るなど、常に情報を仕入れることが大切だ。

最後にもう一度、M&Aも経験を重ねることで成功確率が上がることを強調しておく。

そして、成功確率は回数と綺麗に比例するとは限らない。「一度目はそこそこ、二度目は失敗、三度目は大成功」といったこともある。

既存事業の上でも、同じような経験はないだろうか。どのように判断すべきか。そこにまさに経営力は現われてくるはずだ。

上場（ＩＰＯ）型資金調達×非上場型資金調達

資金調達の選択肢

経営判断の2つ目に挙げるのが資金調達である。

本項では基本的な知識から資金調達について説明していこう。

まず資金調達の方法には、大きく分けて3つある。デットファイナンス、エクイティファイナンス、アセットファイナンスだ。また、考え方によってはそこに4つ目の選択肢として補助金を入れる場合もあるが、ここでは3つをまずは押さえておこう。

デットファイナンスとは、金融機関からの借り入れのほか、自治体の融資、社債などを指す。

エクイティファイナンスとは、未上場の場合は、個人投資家や事業会社、ベンチャーキャピタルなどからの出資などだ。上場後は市場を通じて資金調達が可能になる。アセットファイナンスとは、ファクタリングや手形割引などを指す。

この中で、もっとも一般的なものがデットファイナンスになろう。デットファイナンス、特に金融機関からの借り入れについては、多くの企業で身近なため「新しく知ることはない」と思うかもしれない。

しかし、そうだろうか。著者が見ていると、企業とメインバンクのミスマッチが起きているケースは少なくない。特に「創業時や先代からのつき合いがあるから」「近くにその金融機関しかないから」「大口取引先の指定口座になっているから」「声掛けしたらある程度の融資提案を持ってきてくれるから」といった、成長規模に応じた資金調達という点ではメリットのない理由で、メインバンクを選んでいる企業がある。

また一方で、「取引銀行の数は多ければ多いほどいい」と思っているとすれば、これも間違いだ。いざ融資を依頼したいときに打診先を選ぶのも煩雑であり、決算報告だけでも膨大な時間がかかる。事務負担が非常に大きい。

今、自社はどのような資金調達を行なっているだろうか。この先も、思い起こしながら読み進めていただきたい。

バンク・フォーメーションと金融の空白地帯

金融機関からの借り入れにおいて、知っておくべきはバンク・フォーメーションだ。自社における金融機関との関係性や個々の優劣のことをバンク・フォーメーションと言う。簡単に言えば、借入金のうち、どの金融機関にいくら借りているかというバランスだ。

地域コングロマリット経営においては、事業を増やしていくため投資も増える。投資予定額は資金調達予定額と言ってもいいだろう。そこで資金調達手段に目を向けることになるのだが、中小企業や中堅予備軍は、成長に伴ってバンク・フォーメーションを変化させる必要性についてそれほど考えていないという印象だ。しかし、バンク・フォーメーションの変化、つまり、個々の金融機関の優劣の判断や、そもそも取引をする金融機関を変えていくことが重要となってくる。

バンク・フォーメーションの変化の必要性は、「投資が増えるから」というのが理由だが、正確には金融機関の事情による。

金融機関とひと口に言っても、メガバンクから地方銀行、信用金庫などさまざまだ。それぞれの融資量には差があり、融資金額の多寡、つまりは企業規模により取引する金融機関のステージは異なってくる。

例えば信用金庫で言えば、融資量が1000億円くらいのところが多い。するとひとつの信用金庫から10億円の融資を受けるということは難しく、10億円以上の融資のためには地方銀行を頼ることになるのはよくある話だ。おそらく読者の中にも、「創業時には信用金庫から支援を受け、その後、地方銀行とも取引を始めた」という企業があることだろう。一方、メガバンクでは、売上30億円以上の企業でないと取引基準に満たないとされ、まずは成長しないと話が始まらない。

このように信用金庫、地方銀行、メガバンクでは対象とする企業規模が異なる。では、これが綺麗に棲み分けられているかと言えば、そうではない。問題なのが、金融の空白地帯である。

日本には今、年間の売上が50億円から70億円の企業に適切に対応できる金融機関がない。イメージとして、地方銀行は売上20億円くらいまでの規模感の企業が主な顧客とな

企業規模と金融の現状

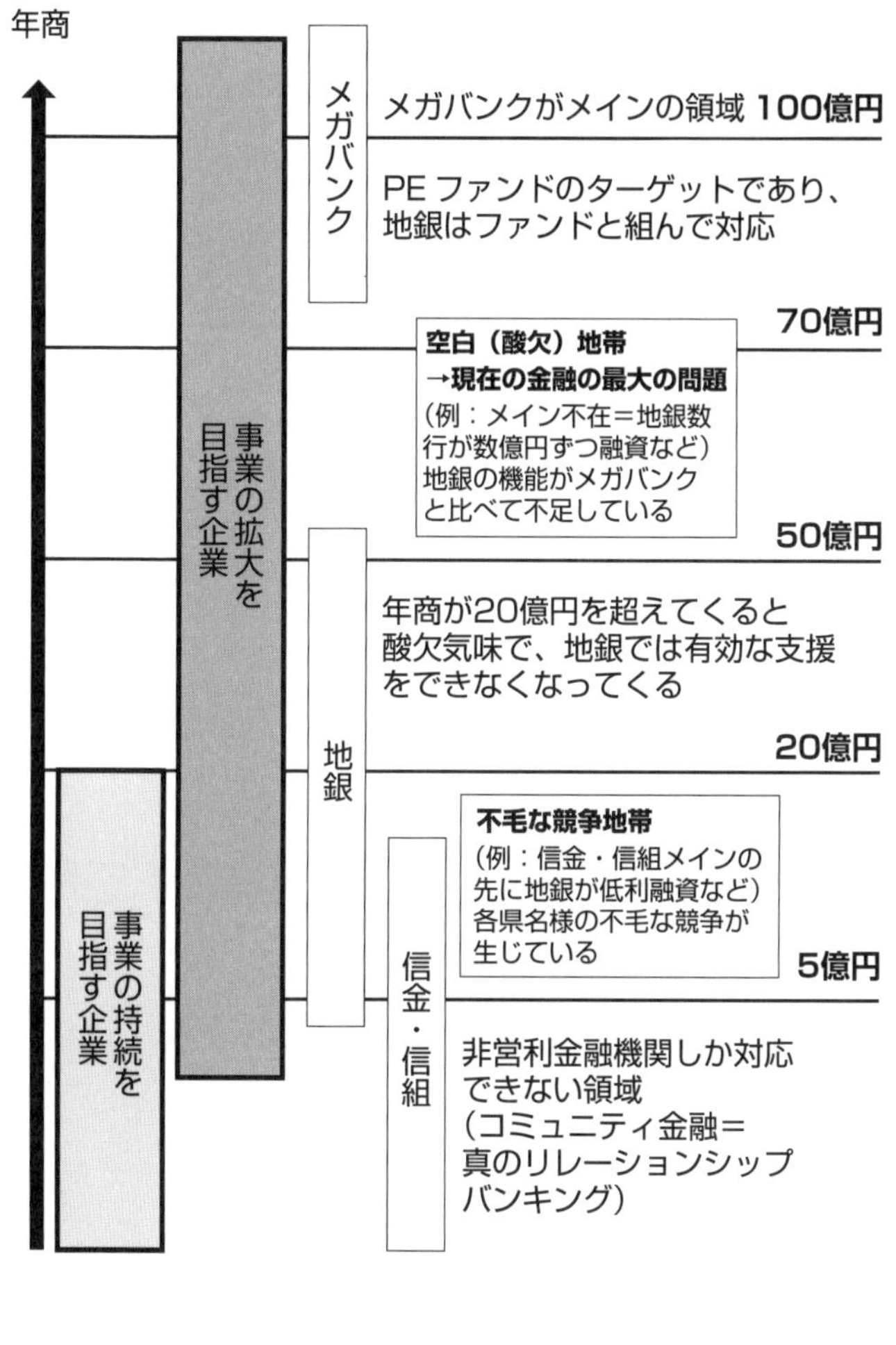
年商
事業の拡大を目指す企業
事業の持続を目指す企業
メガバンク
地銀
信金・信組
メガバンクがメインの領域 100億円
PE ファンドのターゲットであり、
地銀はファンドと組んで対応
70億円
空白（酸欠）地帯
→現在の金融の最大の問題
（例：メイン不在＝地銀数行が数億円ずつ融資など）
地銀の機能がメガバンクと比べて不足している
50億円
年商が20億円を超えてくると
酸欠気味で、地銀では有効な支援
をできなくなってくる
20億円
不毛な競争地帯
（例：信金・信組メインの先に地銀が低利融資など）
各県名様の不毛な競争が生じている
5億円
非営利金融機関しか対応
できない領域
（コミュニティ金融＝
真のリレーションシップ
バンキング）

り、その上のメガバンクは70億円を超えてくるくらいが主となる。売上50億円くらいまでは、複数の金融機関から支援を受けることで対応できるが、それ以上となると徐々に歪みが生まれてくる。ここが、金融の空白地帯だ。地方銀行では手が届かず、メガバンクは手を伸ばさないという領域で、金融機関同士がお見合い状態になってしまう。結局、いくつかの地方銀行と取引を始めることになる。特に地域コングロマリット経営の場合、県境をまたぐこともあるだろう。すると地方銀行では都道府県をまたいだ支援が難しくなるため、各県の地方銀行と取引が始まることにもなる。

金融業界でどうにかすべき問題と感じるかもしれないが、現実的には企業のほうで対策をとらなければならなくなる。そこで企業は、自社の成長を見越して、常に先のステージの金融について考えて動く必要が出てくるのだ。

もう少し具体的に説明しよう。

実態として売上30億円くらいまでの企業は、バンク・フォーメーションには意識を向けていないと思う。「とにかく資金をかき集めたい」。そんな思いで複数の金融機関と取引を始めるようになる。多行取引の始まりだ。そして20億円を超えてくると、金融の空白地帯をスムーズに抜けるために、地方銀行との堅固な関係を築く必要がある。

地域コングロマリット経営においては、第二本業を作り始める段階だ。ここではまず、第一本業で力をつけておくことが重要となる。

例えば第一本業への設備投資を目的に10億円の融資を受けたが、８億円しか使わないということになれば、残りの２億円は新規事業に充てるという選択もあり得る。ここで留意しておきたいのは、その10億円には、もともと金融機関に説明した際の資金使途があるという点だ。別の使途に転用できるかは、金融機関との相談になるだろう。もっとも金融機関の立場になれば、一定の信用力があったから10億円を貸し出したわけで、あとは新規事業についての判断になるとも考えられる。このあたりは日ごろの関係性にも左右されるかもしれない。

そこから30億円から１００億円の規模になると、メインバンクを決める段階となる。上位の地方銀行をメインバンクに据えて、取引を深めていく。ここで第一次のバンク・フォーメーションを決める。

さらに１００億円を超えてくると、いよいよメガバンクとの取引を深めていく段階だ。あるいはメガバンクの法人営業部から提案が来ることもあるかもしれない。この段階では、融資量を確保するためにも、メガバンクからの借入額をふくらませていく。バンク・フォーメーションは第二次へと変化するのだ。

地域コングロマリット経営においては、30億円から100億円の規模が、ひとつの分水嶺となるだろう。

参考までに、A社とB社の例を挙げよう。A社は、多行取引によって20の銀行から1億円ずつ借り入れた。これにより売上は100億円を超えることができた。しかし地方銀行との関係を築くことを軽視していたために、ここにきて成長が鈍化した。

B社は、規模はまだ小さい。売上は30億円である。しかし7つの銀行と取引してお

多行取引による資金調達の例

	A社	B社	
従業員数	200人	50人	
売上	100億円	30億円	
有利子負債	20億円	15億円	①
取引銀行数	20行	7行	②
1銀行あたり借入	1億円	2億円	①÷②

り、そのうちひとつの地方銀行からは10億円の調達ができている。

どちらが資金調達に長けているかは、言うまでもない。Ｂ社はこの後、順調に業績を伸ばせる素地ができている。

上場が身近になっている現状

次に資金調達の選択肢として、エクイティファイナンス、そのうち上場（ＩＰＯ）について説明していく。

上場により、株式を証券取引所で売買できるようにすれば、市場からの資金調達が期待できる。また、上場によって社会的な信用度が増すなどの効果もあるだろう。「上場したことで、金融機関との取引条件が変わった」など、それを機に一段階、経営が加速したという話は枚挙に暇がない。

さらに、地域コングロマリット経営として考えると、採用力や事業の推進力のうえでもメリットがある。上場企業と未上場企業では、応募者から向けられる目が違ってくる。社会的な信用という意味では、やはり上場企業に分があると言えるだろう。また営業の

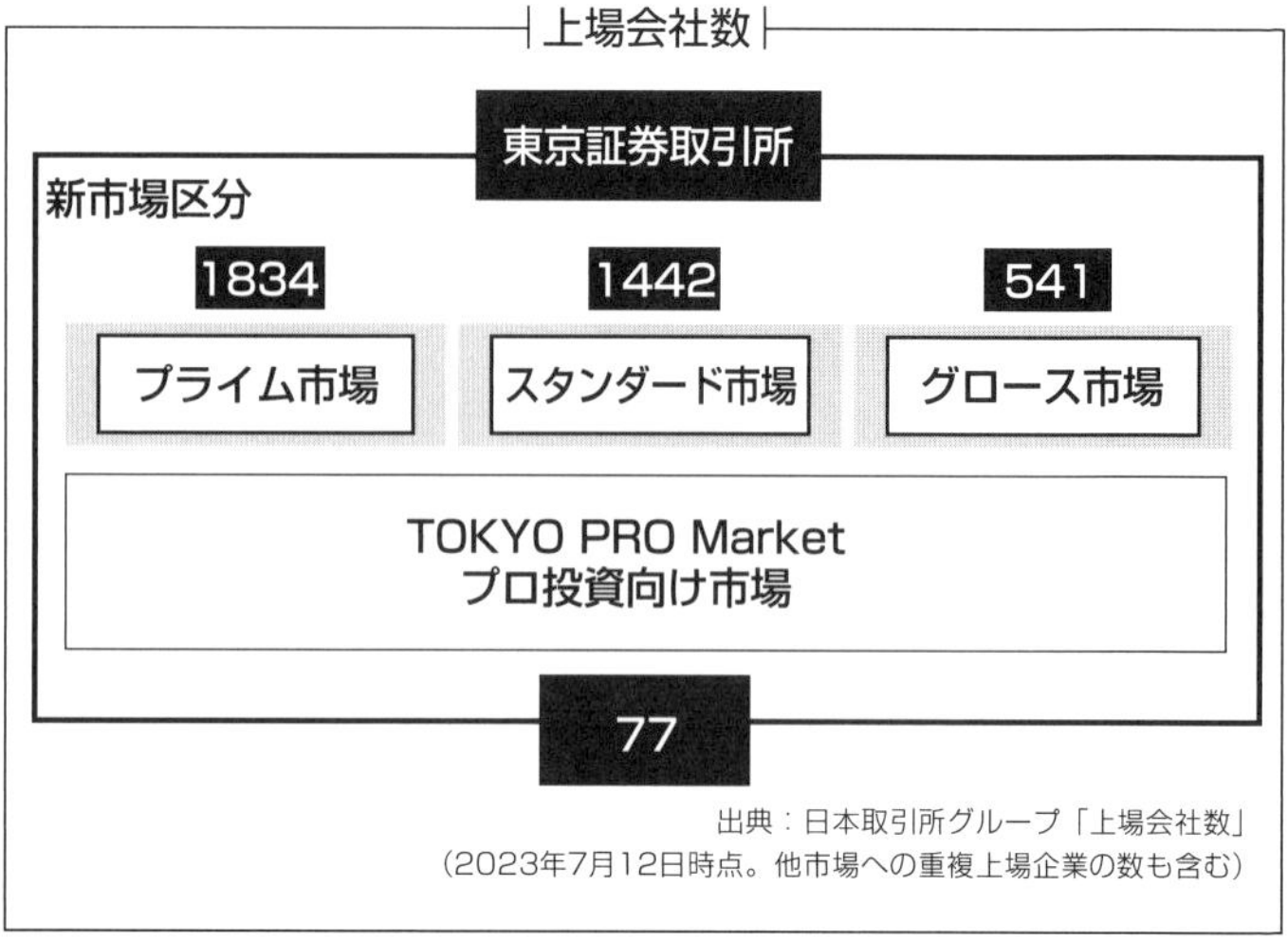

出典：日本取引所グループ「上場会社数」
（2023年7月12日時点。他市場への重複上場企業の数も含む）

現場でも、上場することによる追い風がある。特に金額の高い不動産などの購入では、「上場企業から買いたい」という声があるのは不思議ではない。ＢtoＢでも、相手先に与える印象は変わり、アライアンスも組みやすくなる。

しかしそうは言っても、上場と聞くと、かなり先にある夢のように思う企業もあるかもしれない。そこで著者としては、今、上場が身近になっているという現状を知ってもらいたいと思っている。

まず２０２２年４月に、東京証券取引所（東証）は市場区分の再編を行なった。それまであった一部・二部・マザーズ・ＪＡＳＤＡＱは、プライム・スタンダード・グロースとなった。それぞれ簡単には、グローバル企業向けのプライム、中堅企業向けのスタンダード、新興企業向けのグロースとなっている。これらは一般向けの市場だ。

一方で特定投資家等（いわゆる「プロ投資家」）のみが取引に参加できる「TOKYO PRO Market」がある。あまり知られていなかったり、「プロ向けだから、一般市場を目指す自社には関係ない」と思われているが、著者としてはこの TOKYO PRO Market のメリットも押さえ、積極的に検討を進めるべきだと考えている。

TOKYO PRO Market への上場には、他の市場と比べて3つのメリットがある。

ひとつ目は、上場までが短くて済む。TOKYO PRO Market の場合、監査法人による監査証明は1期分のみで足りるため、他市場に比べて短期間の上場準備で上場申請が可能だ。

2つ目は、経営者が経営権を維持できる点だ。TOKYO PRO Market では、上場要件として、株主数や流通株式に関する数値基準がない。そのため、経営者がオーナーシップを維持したまま上場することもできる。上場にあたって株式数や株式比率に関する基準もないことから、支配権（オーナシップ）を維持したまま上場することができる。

3つ目は、上場に伴う負担が少ない。内部統制報告書や四半期開示の対応は任意であることなど、他の市場に上場する場合と比べて上場準備や維持に必要な負担を抑えることが可能だ。

一方でデメリットには、株式を使用した資金調達の事例がまだ少ないことや、他市場での再上場を目指す場合には再度、上場申請が必要であることが挙げられるだろう。

ただし、TOKYO PRO Market への上場により、金融機関との関係を良好にすることができる。エクイティファイナンスの面だけでなく、デットファイナンスにもその効果の波及が期待できる。今後も銀行借入での資金調達が中心で、株式市場から直接、資金調達する必要性がない会社には十分なメリットがある。

また、他市場に行こうと考える場合も、TOKYO PRO Market 上場を通じて体制が整備されるため、段階を踏むことで、スムーズな上場準備にもつながる。

実際のところ、これまで上場と言えば、グロースやスタンダード市場が入り口だったが、TOKYO PRO Market を入り口に、他の市場へと入って行くという例も出てきている。そして、先に挙げたようなメリットから考えれば、この流れは今後増えていくと著者は見ている。

上場が企業に与える影響は大きい。特に親族で経営をしているようなファミリービジネスには、その影響が顕著に現われる。

ひとつは、属人化からの脱却が促され、具体的には権限委譲が進む。組織化された企業としてスタートを切ることができるはずだ。

上場においては、経営者の個人保証が基本的に外れる。上場するということは、企業の信用は、経営者個人の信用に依存しないという前提に基づくからだ。金融機関が必ず個人保証を外すわけではないことは補足しておくが、基本的には金融機関との関係はよりよくなっていくことだろう。

ファミリービジネスでは、社員が会社の売上や利益を知らないケースもある。一方、上場となると、そうした数字や役員報酬まで情報公開することになる。ファミリービジネスでは経理担当が親族であったり、社外の税理士に任せていたりするケースも多い。情報公開には抵抗を覚えるかもしれない。

しかし、将来のことを考えてほしい。資金調達という観点ではどうか、事業の成長の面ではどうか、また事業承継の準備は十分だろうか。上場により社内の管理体制が整っていくことで、組織化が進み、事業の引き継ぎもしやすくなるだろう。今、自分の代で幕を引いていいのだろうか。この先も成長を遂げ、長く続く企業にするためには、それだけの体制が必要だ。上場を目指すことで、そこに近づける可能性がある。

ビジョンにより変わる資金調達

ここまで、簡単に資金調達の手段として、主に金融機関からの融資と、上場による資金調達を紹介してきた。これは二者択一といった類いのものではなく、組み合わせることも可能だ。また、組み合わせること自体がひとつの戦略でもある。

例えば、バブル景気の崩壊後を経験した経営者や財務担当者は、金融機関の〝貸し渋り〟や〝貸しはがし〟の記憶が古びていないかもしれない。あるいは今日でも何が起こるかわからない、との思いがあるかもしれない。そこで資金調達の手段を増やして、金融環境の悪化などに対するリスクヘッジをしておくというのもひとつの考え方だ。

クラウドファンディングなど、新しい手段も生まれている。個別の商品・サービス開発などに活用しやすいMakuakeやCAMPFIREをはじめ、貸付型のクラウドファンディングのFundsや株式型のFUNDINNOなどがある。クラウドファンディングは資金調達の手段ではあるが、ファン作りなどPR効果を狙えるというメリットのほうが比重は大きいかもしれない。

またリスクヘッジという観点ではないが、地域コングロマリット企業は、規模が大きくなっても信用金庫とのつき合いを続けている印象がある。規模感からすれば金融面での比重は下がる。しかしつき合いを止めてはいない。細くも長い関係性で、つき合いを続けている。そこには創業時の感謝を忘れなかったり、地域金融機関を大事にするという思いがあったりする。地域コングロマリット経営においては、やはり地域に貢献するということも大事な価値観として考えられる。

さて、これら多様な資金調達の戦略をいかに考えていくか。そのときに重要なのが、やはり中期経営計画である。

例えば、スタートアップとして先行投資をしていく場合は多額の資金を調達する必要があるが、着実に事業を進めるのであれば、銀行からの融資だけでも十分である。そこで3年から5年先を見据えた中期経営計画から逆算して、資金調達の選択肢を用意する必要がある。特に売上20億円を超えてくるような、今後の資金調達について考えなければならない企業ほど、中期経営計画がないように思う。あったとしても、やや抽象的な

「将来的に100億円企業を目指す」といったレベル感のものが多い。

先に、20の銀行から1億円ずつ集めたA社の例を挙げた。事務処理も煩雑になり、その先の成長にブレーキがかかっている。どうにか売上100億円は達成したが、手を打たなければ、苦しい闘いが待っていることが予想される。しかし、もしも何らかの手を先に打っていれば、より早く100億円を達成できたかもしれない。

数年後の売上規模や市場シェアなどを策定し、そのためにどのようなアクションを実施すればよいのか。ヒト・モノ・カネを鑑み、パーパス、ミッション、ビジョン、バリューを含めた経営計画を立て、そこから戦略に落とし込んでほしい。

例えば、10年後に実現したいビジョンを定める。経営者の感情から湧き上がる、ありたい将来像をイメージする。「私たちは何のためにどんな価値観で何を目指すのか」という定性的なビジョンを定め、そこから定量的な目標に落とし込む。単なる数字ではなく、感情のこもった目標にすることで、社員も共に歩みやすくなる。

そして、その目標からバックキャスティングの考え方で、3年後に達成すべきマイルストーンを中期経営計画として落とし込むのだ。「10年後には目標とする数の事業を動かすためには、3年後には1事業を軌道に乗せよう」「そのためには経営直轄の事業開

企業の思考・行動体系

一貫性

企業の思考・行動体系（↓）

P）理念	パーパス	自分たちが最上位で大事にしたい信条、思想
M）ミッション	パーパス	P）を前提にした、自分たちの行動使命
V）ビジョン（狭義のビジョン）		P）、M）をとことん追求した形を長期（例：10年後）に実現している姿
V）バリュー		P）、M）、V）を社員みんなで推進するうえでの日々の価値基準、判断基準
戦略		P）、M）、V）、V）をより効率的に実現するやり方、考え方
仕組み		戦略を浸透するためのパターン化された仕事の領域
戦術		戦略に基づく仕組みを浸透、ブラッシュアップすること
戦闘		1つひとつの個別対応ですること

発部を作ろう」「2事業のテストを始めよう」などと将来像から現在すべきことを計画立てる。

経営計画を立てる過程で、自社で成し遂げたいことが明確化され、共有されていく。**目標を共有できている組織は強い。**たどり着きたい場所が定まれば、道が見える。道が見えれば、歩き出せる。しかし資金調達が十分でないと、その途上で息切れをすることになる。せっかく高まったモチベーションに水をかけることにもなりかねない。経営計画と資金調達は切っても切れない関係にある。資金調達計画が十分であればこそ、安心して走っていくことができるのだ。

ホールディングス型組織×各社独立採算型組織

権限移譲で経営力を高める

本章の最後に挙げる経営判断が、組織整備である。

地域コングロマリット経営では事業がいくつも生まれる。各事業をきちんと成長させ、なおかつ各事業間の連携によって強固な経営基盤を作りたい。そうでなければ意味がない。リレーをする1人ひとりが遅く、バトンパスも下手では勝てる見込みは著しく下がる。

そこでグループ経営において重要なテーマは、つまるところ権限移譲だ。経営者が1人でできることには限界があるからだ。

地域コングロマリット経営における権限移譲のイメージ

グループ売上（粗利）		20億円（6億円）	100億円（30億円）	300億円（90億円）
事業会社に対する主たる業務・保有権限	人	事業会社すべての人事権	事業会社部長職以上の人事権	事業会社取締役の選解任
	カネ	投資権限他すべて	投資権限他すべて	投資権限（上限設定あり）
	事業	戦略立案、計画策定、チェック、修正	戦略立案、計画チェック、修正	主力事業以外は、チェックのみ

経営者の権限移譲は、例えば次のようなステップを踏む。

まず経営者によるトップセールス体制から、ビジネスモデル化して営業責任者を置く。営業の権限移譲だ。そこから、商品・調達・オペレーション責任者を置く。経営者の既存事業への関与を大幅に減らす。そして人事責任者を置き、採用も人材開発部門が主導で行なうようになる。目安としては、年商30億円に達するまでにこれらを実現したい。特に前項で述べたように、バンク・フォーメーションを整える必要があるためＣＦＯといった財務責任者は必要だろう。

このように、権限移譲は各部門の責任者

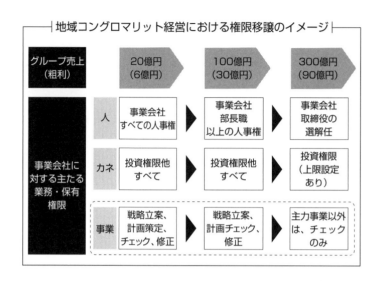

であるＣＸＯを置くというイメージだ。ここでの考え方はあくまで権限移譲が先にある。ＣＸＯ作りが目的ではない。地域コングロマリット経営で、親会社・子会社といった組織になると、経営者はひとつ上の視座から経営を見る。各事業は責任者の判断で動くことになり、これがＣＸＯ作りにつながっていく。

そこで権限を渡せる経営人材をいかに増やしていくかが重要となる。経営人材の数は、企業の力に直結する。前項で資金調達が十分でないと経営計画に支障が出ると述べたように、経営人材が不足していても同じように成長にブレーキがかかる。

各事業を担うことができる経営人材は、内部で育てながら、新たに採用することも視野に入れていく。年商１００億円を超えるステージになれば、一層優秀な経営人材も採用できる。地方銀行のエース、上場企業のマーケティング担当者や採用担当者……。それまで自社にはいなかった、専門性を持つ人材を採用することで、組織はさらに強くなっていく。ヒト・モノ・カネの調達力を上げるとともに、権限委譲を進める。このスパイラルが成長を加速させていくのだ。

一方で各事業間の連携を強めていく。これについては「グループ本部機能の役割」として後述するが、各事業が共同で販促活動を行なうことで、相互の認知度向上・送客の実現や、本部が主体となって各事業間のシナジーを創出するための施策を立案し、実行していく。

烏合の衆になってしまっては意味がない。どのような組織構造にしていくべきか、戦略的に考えていきたい。

まず進めやすいのが「各社独立採算型組織」だろう。

ひとつの企業内で各事業が独立採算制をとるやり方だ。権限移譲をうまく進めることで、各事業内での意思決定も実行もスピード感が生まれる。しかし事業同士での連携が上手にいかなかったりすることも多い。また一方で、事業の損益は全社へと影響する。給与などの人事制度が一律的になりがちで、各事業の実態と合わないという弊害も起こり得る。

そこで本項では、これらデメリットの解消方法になり得る「ホールディングス型組織」を中心に説明することで、組織整備の選択肢を広げてもらいたいと考えている。

ホールディングスと子会社との関係性

ホールディングスと言うと、節税の観点から語られることが多い。株価の引き下げによって贈与税や相続税の抑制効果を狙うといった話も聞かれる。それもまた効果の一面であることは事実だ。しかし、ただそれだけでは、税務署から不当な租税回避と見なされて追徴課税を受ける可能性も否めない。

本来、ホールディングス化とは、もっと事業の成長に直結する戦略であると著者は考えている。

船井総研も２０１４年にホールディングス化している。これにより株価の時価総額が急上昇したこともひとつの効果ではあったが、コンサルティング主体の船井総研本体と他事業とで、毎年15％の成長を遂げられるグループとなったことは大きい。

また、優秀な人材が集まりやすくなったことはもちろん、管理職ポストが増えたこともあり、女性の活躍環境が改善された。

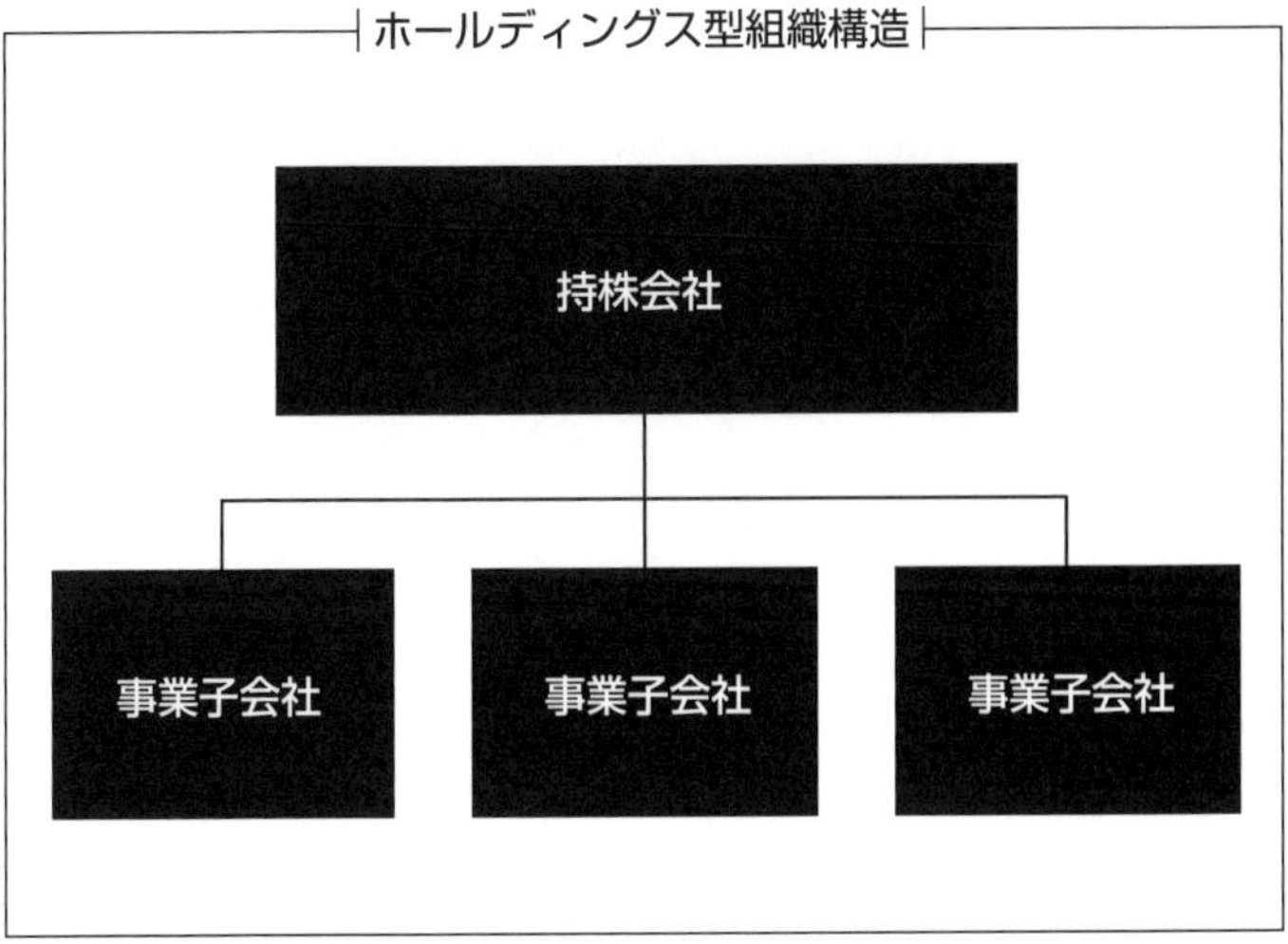

地域コングロマリット経営では特に、ホールディングス化は有効な手段だと考える。例えばM&Aにより事業を付加していく場合、先述のとおり株式譲渡によって、まず子会社化することが多い。こうした事業成長に比重を置いた攻めのホールディングスについて知ってもらいたい。

なお親会社のあり方として、子会社の株式を保有しながら事業も行なう「事業持株会社」と、事業は行なわない「純粋持株会社」の2つがあるが、ここでは基本的に後者を指して持株会社と呼んで話を進める。

ホールディングス化により、「持株会社と傘下の事業子会社」という組織基盤が作られる。

グループ全体としての企業価値を上げていくために、持株会社は傘下にある事業子会社群に対して、大局を見て経営判断を行なっていく。そのうえで、持株会社は事業子会社に対して、大きく分けて３つの関わり方をする。

ひとつ目は、自主独立性を促すこと。それぞれが独立した経営主体として動いてもらうために大事な関わりだ。

２つ目は、事業評価である。事業成長を客観的に捉えていく。

これらを踏まえ、３つ目として経営資源を分配する。グループ内のリソースを適材適所に振り分け、さらなる成長を促す。

このように事業子会社の独立性を促進しながら、伸びしろのある事業を見極め、適切に資源を投入することが持株会社の関わり方であり、役割となる。これらを受けて、事業子会社は、それぞれが独立した経営主体として責任ある業務執行を期待されることになる。

グループ本部機能の役割

持株会社と事業子会社との関わりをさらに細分化してみる。２３２ページの図は、それぞれがどのような機能を持ち、それをどのように活かしていくかを示したものだ。

事業子会社はそれぞれに独立し、事業活動や管理活動を行なっていく。それぞれＢtoＢであったりＢtoＣであったりと、事業内容は異なり、そのうえで新たな新規事業も始めていくことになる。

このとき持株会社が各事業子会社に対して、いわゆる横串を通していくことになる。すべて一律に共通化・標準化を推し進めるのではなく、グループ全体としての成長を考えながら采配を振るっていく。

このときに、グループ経営のトップと、取締役などの経営陣、そして企画、財務・経理、人事、システムなどの部門長クラスが一体となった「グループ本部」を作って力を発揮していく体制が理想だ。

グループ本部は、グループとしての経営理念や、パーパス、ミッション、ビジョン、バリューを明確にする。そして、これをグループに浸透させたり、機能させたりするためのガバナンスを効かせていくことが重要だ。これらはグループを統括していくために欠かせない。

次にグループ戦略として、各事業の成長戦略を策定し、事業子会社に遂行してもらう。

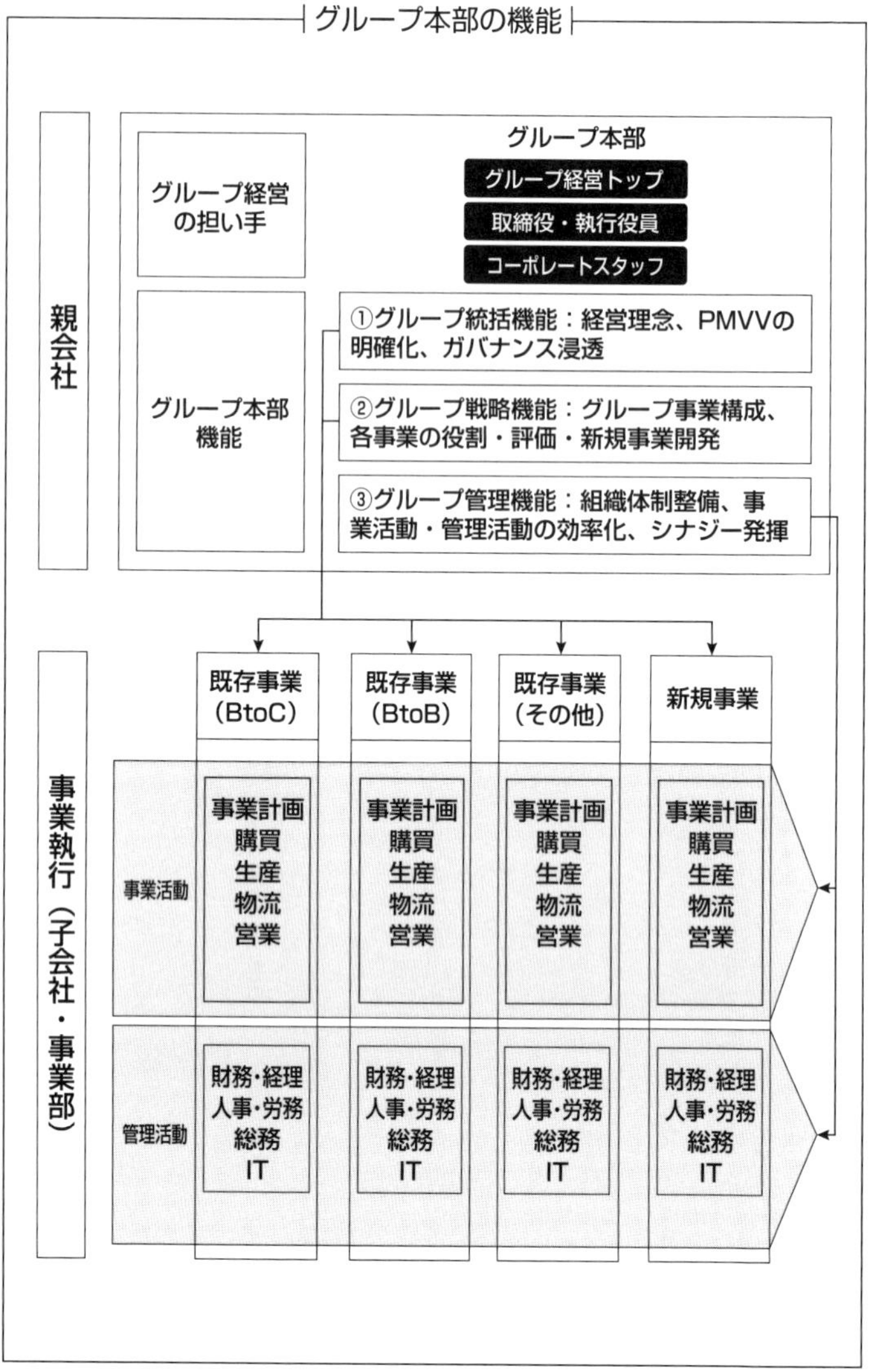
グループ本部の機能
親会社
グループ経営の担い手
グループ本部
グループ経営トップ
取締役・執行役員
コーポレートスタッフ
グループ本部機能
①グループ統括機能：経営理念、PMVVの明確化、ガバナンス浸透
②グループ戦略機能：グループ事業構成、各事業の役割・評価・新規事業開発
③グループ管理機能：組織体制整備、事業活動・管理活動の効率化、シナジー発揮
事業執行（子会社・事業部）
既存事業（BtoC）
既存事業（BtoB）
既存事業（その他）
新規事業
事業活動
事業計画
購買
生産
物流
営業
管理活動
財務・経理
人事・労務
総務
IT

各事業の役割を定め、進捗状況をチェックするなど評価・モニタリングの機能もここで担う。

さらに、グループ全体の組織体制や事業活動・管理活動の最適化を進める。シナジーを最大化させていくのだ。具体例で言えば、事業間の送客によってグループ全体の利益を上げていくこともあるだろう。また、資源を共有したり、調達におけるボリュームディスカウントを図ったりするなど、コストダウンも進めていく。特に並列の会社同士では調整が効きづらいため、これらを親会社という立場から調整していく。

次ページ図には、さらに細かくグループ本部の部門・機能が、グループ全体と事業子会社に対して、どのような役割を果たしていくかを挙げた。例えば、企画部門ではグループ戦略を立案し、それに基づき事業子会社の戦略立案を行ない、事業計画を作る。その計画を実際に遂行するのが事業子会社だ。

別の言い方をすれば、持株会社と事業子会社とがひとつのＰＤＣＡサイクルを回すが、それぞれに担う部分が異なる。グループ全体での事業計画という大きなＰＤＣＡサイクルの中に、各事業という個別のサイクルがある。

個別のサイクルでは、事業子会社がアクションプランを作成し、実行に移す。つまり

グループ本部の果たす役割

持株会社（親会社）：グループ本部			事業子会社
部門・機能	グループ全体への役割	事業子会社への役割	
企画	・グループ戦略の立案 ・グループガバナンス ・新規事業開発	・役割設定、評価 ・事業戦略立案、事業計画策定、進捗状況のチェック	・事業計画遂行（アクションプランの作成、実行）
財務・経理	・グループファイナンス、投資戦略 ・連結会計 ・グループ経理業務の運用・整備	・投資戦略立案、投資計画策定	・投資計画遂行
人事	・グループ人事戦略の立案 ・人材採用・育成方針策定 ・グループ人事業務の運用・整備	・人材登用（採用、育成他）計画策定 ・人材育成計画策定、実施	・人材採用実施
広報	・グループ広報、情報戦略立案	・広報計画策定	・広報（広告・宣伝）実施
IT・DX	・グループの IT・DX 戦略の立案 ・グループ全体の業務改善	・グループ共通プラットフォーム整備・運用	—
総務・法務	・グループ総務 ・リーガルチェック他	・総務事務実施（サポート）	—
内部統制・リスク管理	・グループ内部統制 ・グループリスク管理	・内部統制（リスクマネジメント）計画策定	・内部統制モニタリング・評価実施

Plan（計画）とDo（実行）の部分だ。それを受けてグループ本部がCheck（評価）を行ない、Action（役割設定）を見直していく。

ここでのポイントは、事業子会社がアクションプランを作成していくということだ。最初のうちはグループ本部でプランを作らなければならないかもしれない。しかし、自主独立性を発揮するためには、事業子会社自らが作るべきものである。あくまで事業子会社は独立し、持株会社はそれをモニタリングしていく形にしていきたい。

ホールディングスの主な収益

ホールディングスにとって収益の主な源泉は、事業子会社にある。持株会社はあくまでそれをまとめあげる存在だ。しかし、そうは言っても持株会社も法人組織である以上、何かしらの形で収益を上げていかなければならない。

そこで持株会社は、主に事業子会社との関係から収益を上げることになる。代表的なものは左図に挙げる6つだ。

例えば不動産を所有していれば、それを事業子会社に貸すことで不動産賃貸料を得ら

持株会社の収益項目の例

項目	内容	留意点
受取配当金	子会社・関連会社から得る配当	課税所得にならない（持株比率により益金不算入割合が異なる）
経営指導料	子会社・関連会社に対し、管理や経営上や営業上の指導を行なう際に子会社・関連会社から得る収入	料率設定さえ適正であれば課税所得になる
業務受託収益	子会社・関連会社の総務・経理等の間接業務を受託しているような場合に発生する収入	受託内容を明確にしておく必要がある
受取利息	子会社・関連会社に対し、貸付を行なう場合に生じる収入	—
不動産賃貸料	グループの事業用資産を一括して保有し、子会社・関連会社に賃借する場合に発生する収入	—
ロイヤリティ・ブランド使用許諾料	商標等のブランドを保有し、ブランド価値の維持・向上のため、全社的な品質管理や広告等を行なう場合に、子会社・関連会社から当該ブランドを事実上使用することに対して徴収する収入	料率設定さえ適正であれば課税所得になる

れる。本社ビルを持ち、そこに事業子会社が入ることで、安定的な収入が得られるだろう。一方で、不動産を所有していない場合は、経営指導料や業務受託収益などを組み合わせながら安定的な収益を得られるように工夫する必要がある。

このうち、受取配当金が税務上の課税所得にならないことには留意していただきたい。よくある話が、持株会社の収益を受取配当金だけで上げようとして、いわゆる税務上の赤字になるというケースだ。グループ全体で考えたときに持株会社に赤字があるというのは、対外的な影響はもちろん、税務の観点からは非効率な状況に陥っている。バランスを見て、持株会社は受取配当金以外で収益を上げる構造にしたほうがいいだろう。

では、どのように収益構造を組み立てればいいのか。

考え方としては、第一に支出の把握、第二に収益の検討だ。

まずは持株会社が保有すべき機能を踏まえ、それらを維持・改善していくための必要なコストを見積もる。人件費、諸経費、支払利息を把握する。次に、それに対する収益のベースをどこで生み出すかを考える。

実際のところ、不動産賃貸料がない場合、支出を上回るだけの収益は上げづらい。そこで多くの企業は、事業子会社への経営指導料で収益を上げている。事業子会社への事業戦略や投資戦略の立案は経営指導の一環である。

ここでポイントとなるのが、その料率の設定だ。経営指導料には世の中に一般的な適正水準があるわけではない。自社でその水準を決める必要がある。例えば、売上や粗利に対する割合や、それらの組み合わせなどと決める。

もちろん恣意的に決めるわけにはいかないし、毎年変えるというわけにもいかない。あまりに恣意的だと税務署から「得るべき利益をあえて取っていないのではないか」と、いわば〝利益のつけ替え〟をしているという指摘が入る可能性もあるだろう。問題になりやすいため、きちんと自社なりの根拠を明確にして決めておきたい。

もうひとつ、ここで考えておくべきは配当である。

当然ながら、持株会社も株主に対しての配当が求められる。この点、基本的には事業子会社から得た配当を、そのまま持株会社への配当原資に充てていくという考え方になるだろう。

以上のように、持株会社の収益では、まず支出を把握したうえで、それを上回る収益を安定的に得られるかを見る。セオリーは不動産賃貸料によるか、不動産を所有していなければ経営指導料によるだろう。

人材の活躍をうながすホールディングス化

本項の始めに「節税目的のホールディングス」について少し触れた。繰り返すが著者としては、それは効果の一面でしかないと考えている。事業合理性もなく、中身のないホールディングス化はすべきでない。

ひとつ、著者の経験から、ホールディングス化のエピソードを紹介してみよう。

その企業はファミリービジネスで年商は80億円まで伸びていた。そして、あるとき事業を分け、ホールディングス化を果たした。目的は節税ではない。

この企業には、ホールディングス化の目的が２つあった。

ひとつは、Ｍ＆Ａによる組織拡大を視野に入れるためである。

ホールディングス化により、他社がグループ内に入りやすい組織構造となる。この企業は将来的に積極的なＭ＆Ａをしていこうという戦略を立てていた。

では、もうひとつの目的はと言えば、管理職ポストを増やすためだった。

第4章で、ポストが詰まっていることが人材流出リスクにつながると述べた。そして新規事業参入は、ポストを増やす施策になることも。事業子会社を作ることは、これをよりドラスティックに進める。この企業の場合、経営者は父親であり、息子2人が経営幹部にいた。しかし息子たちは兄弟ゆえに、お互いがやりづらい面もあった。「将来『兄が社長、弟が副社長』とはいかないだろう」と考えた父親が、そこで採ったのがホールディングス化だった。そして兄弟が別の会社を経営することになり、自主独立性のある事業をそれぞれが進め、兄弟それぞれが活躍できる素地を作ることに成功したのだ。

これは、組織拡大に際して、ホールディングス化が役立つというひとつの例である。特に、人材の活躍を促すという点でホールディングス化が持つメリットは大きい。

第5章では業界によって文化や給与水準が異なることがあると述べた。このとき、会社ごと分けてしまうことで、双方の不満を和らげられるというのもメリットである。窮屈さを抱えながら働いてもらうのでは活躍も期待できない。特に地域コングロマリット経営においては異なる事業を行なうこともあり、人事評価制度や給与体系を分けるために、ホールディングス化するという例も少なくない。

また、ホールディングス化は、新たな活躍の場を作ることでもある。新しい役割に就くことで、成長を促すことがある。成長意欲が高い人材には、新しい挑戦をしてもらうことも大事なことだと思う。また一方で、伸び悩んでいる人材が新しい環境に移ることで、気持ちを新たに活躍してくれることもあるだろう。

選択肢の幅を持つ

では、ホールディングス化がどんな企業でも功を奏すかと言えば、もちろん違う。本項の最後に、ホールディングスにしないメリットについても触れておく。

端的に言えば、ホールディングス化はそれほど手軽にはできない。グループ戦略を立て、どのようにグループとして企業再編を図っていくかを決定し、実行する。持株会社体制を実現するには、一般的には定時株主総会の議案に上げるための準備に1年はかかると思ったほうがいい。簡易的に準備をしたところで、後に課題を残すだけだ。

そして総会後にも、法務や税務などの手続きがいくつもあることは念頭に置いておこう。具体的な手続きは専門家のサポートを得ることを勧めるが、主にはグループ経営戦

ホールディングス化における検討事項

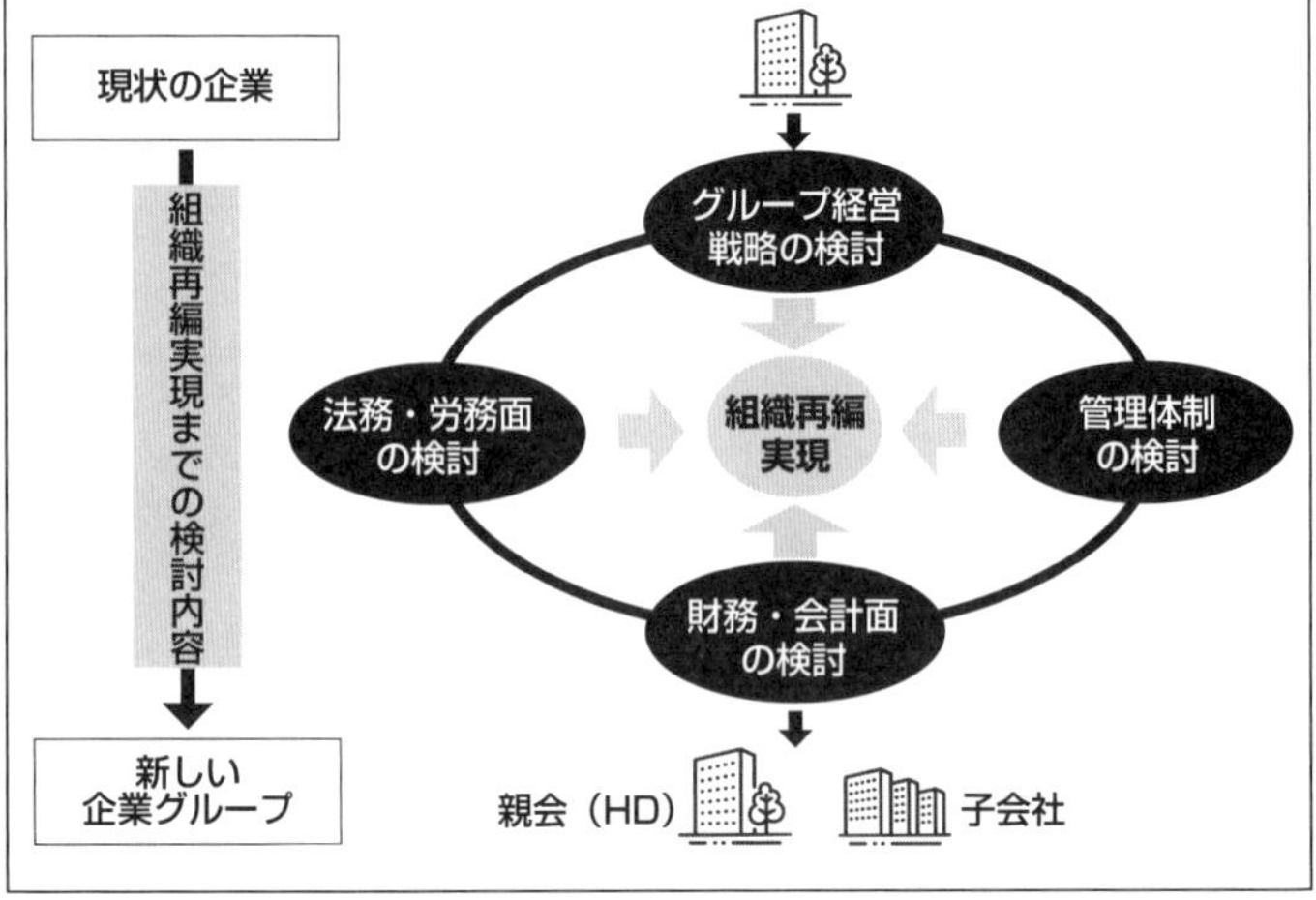

略、管理体制、法務・労務、税務・会計について、それぞれ検討することになる。

こうした負担をかけてまでホールディングス化すべきかは、経営判断による。

もしも現状維持でいいと考えているのであれば、あえて無理をする必要もないだろう。しかし、成長を望むのであれば、これまで述べてきたようなメリットはある。

本章では、事業導入、資金調達、組織整備という3つの経営判断について述べてきた。目まぐるしく変わる経営環境の中で、どのカードを切っていくか。既成概念にこだわることなく、自社ならではの経営判断を見つけ出してほしい。

第7章

日本の未来を担う地域コングロマリット企業

Regional Conglomerate Management

地域に貢献する意義

人が集まる地域を作る

地域の経営者から、このような言葉を聞くことがあった。

「この地域にいたい人なんていないんだよ」

これは都市と地域との格差を日々感じているからこその嘆きだ。人口減少と人材流出が著しいことや、あるいは子どもたちが事業を継ぎたがらないことなど、その言葉が出てきた背景はさまざまだ。

ここで、著者は「本当にそうだろうか」と疑問に思った。

地域に残りたいけれど仕事がないから都市に出ていくというケースは多い。しかし、逆に都心にいながらも、地域で働きたいと考えている人も決して少なくはないだろう。

一例として、内閣官房まち・ひと・しごと創生本部事務局の調査によると、東京圏（東京都、神奈川県、千葉県、埼玉県）に住む20～59歳の1万人のうち、49・8％が「地方暮らし」に関心を持っていた。そして関心を持つ人のうち6割が「仕事、就職に関する情報」を求めていたという。

移住とは異なるが、ワーケーションもまた地域への関心を示す例だ。

2022年に観光庁はワーケーションについての調査結果を発表している。これによるとワーケーションについての企業の認知は66・0％、従業員においては80・5％だ。現実的には、勤務場所が決まっているなど、テレワークができない仕事であるなどの理由から、経験率は4・2％に留まる。しかしモデル事業では40社がワーケーションを体験し、参加者の総合満足度は92・4％と高い。一方で「ワーケーションで仕事が進むのか」という疑問もあるだろうが、企業においては「大いに成果が出た」が35％、「やや成果が出た」が50・0％と、8割超が成果を実感している。

もしも地域に魅力的な企業があれば、そこで働きたいと思う人はいるのではないだろうか。もちろん仕事だけでなく、教育環境や娯楽施設などの生活インフラの整備も重要である。しかし、もしも都市と地域にこれらの差がなければ、都市で暮らしたい人はそれほどいないのでは、とすら著者は感じる。

地域コングロマリット企業や一定規模以上に成長した企業の多くは、地域貢献に取り組んでいる。第3章でも触れたように、地域のイベントへの協賛やスポーツチームへのスポンサー協力など、貢献のあり方は多様だ。

福井県の株式会社エル・ローズは、このような地域における企業の役割を体現する地域コングロマリット企業のひとつだ。

福井県もやはり人口減少にあえぐ県のひとつである。人が離れ、地域の生活インフラも減っていく様子を目の当たりにした同社は、「持続可能な地域を作るために自分たちが存在している」と考えている。生活小売店からスタートしたが、外車ディーラー事業、中古車販売・買取事業「売ッチャリ買ッチャリ」、自動車メーカー・スズキの代理店を展開。また、福祉施設、フィットネスクラブ、テーマパーク「芝政ワールド」の再生に取り組む等、次々に柱となる事業群を作り、業績を伸ばしている。現在、年間の売上はグループ合計で230億円。従業員は830人と、大きな雇用と地域のインフラを生み出している。

地域を活性化できる影響力が、地域コングロマリット企業にはある。周囲から寄せられる期待も増すことだろう。ＥＳＧ（環境・社会・ガバナンス）の観点から企業の成長性を見極める投資家も現われている。

どのように地域の資源を守り、共に成長していくか。

地域コングロマリット企業は、地域の未来を担う存在なのだ。

地域へ還元する

そもそも企業が成長するということは、その影響力の範囲が広がっていくということだ。

経営者自身は地域の有力者となり、頼ってくる人も増える。他社や行政などからの視察も入るだろう。コネクションも築かれ、他社よりも先んじて貴重な情報が手に入る。あるいはこちらから提案し、受け入れられることもある。これらは自社の事業の優位性を高めてくれる。経営者自身の理想の実現が近づくのだ。

従業員にとっても、企業が成長していくことで大きな利益がある。

例えば、あまり大きくなかったり、制度が整っていない企業だったりすると、無理な働き方に疲弊してしまう可能性も上がる。対して、規模が大きいと人が多いため、助け合いやすい。また、地域に知られるような企業になると、家族や友人、知人たちからの目線が変わる。仕事が認められる機会が増え、働きがいにもつながりやすい。事業や、それに伴う役職の数は多く、さらに人材育成の制度も整っていることだろう。相対的に年収や待遇などの条件がよく、人生の選択肢は一般的に広がるはずだ。住宅ローンが組みやすいなど、プライベートでのメリットもある。

こうした企業があることは、地域にとってもよい影響を及ぼす。

何より、企業からの安定的な税収がある。これが地域に還元されるため、地域のインフラ整備に資することにもなるはずだ。公共施設の充実、高齢者・子育て支援など、行政ならではの視点で、暮らしやすく働きやすい地域づくりに取り組んでくれることも期待できる。そうして地域の魅力が高まった結果、他県へ移住した人たちが帰ってきたり、他県から人が移住してきたりするなど、さらに好循環が生まれてくる。

このように企業の成長は、地域にさまざまな効果をもたらす。もちろん納税という点では、そのまま地域へ利益を還元している。

ただ、地域コングロマリット企業は、より積極的に地域貢献を推し進めることが多い。

そして経営者たちは言う。それらは「収益を期待するものではない」と。

確かに数字として合うわけではなく、持ち出ししかないことが多い。すると、「地域貢献は道楽に過ぎない」と見なす人もいるかもしれない。

それでも経営者たちは、地域に貢献するという行為を止めようとはしない。

これはなぜだろうか。

経営的に捉えれば、地域貢献は、ブランド力の醸成や顧客の獲得、採用力強化につながるなどの効果が期待できるかもしれない。点で捉えず面で捉えることは、重要な考え方だろう。中には、「お金は、出せば入ってくる」という、よく知られたひとつの法則から、その意義を捉えていた経営者もいた。

しかし、地域貢献を続ける多くの経営者たちは、数字上のメリットだけを追ってはいない。経営者たちの目線はより高いところにあると著者は感じている。

経営者の想いの実現が、従業員の利益へとつながり、そして地域環境の向上へと波及していく。地域の魅力が上がることで、従業員の幸せ、経営者の幸せへとつながっていく。

地域貢献を続ける経営者たちは、たとえ荒っぽい口ぶりで「地域貢献では稼げない」と言いながらも、その表情は地域を支える企業としての自負と喜びにあふれているように見える。

次なる挑戦者を生み出す

地域のインフラが整えば、地域内の他の企業のビジネス環境も充実することだろう。感化された次なる挑戦者が現われることもあり得る。

「起業家は起業家を呼ぶ」とも言う。1人の優れた取り組みは、次の1人を生み出すのだ。挑戦者たちは競合でもあるが、地域を盛り上げることにもなる。新潟県燕三条の金物、岐阜県飛騨高山の家具、岡山県倉敷のジーンズ……。いずれも複数の企業があることで、全国的なブランド産地として育っている例と言えよう。

地域コングロマリットの経営者たちは、人を育てることをいとわない。いや、人を育てることをいとわないからこそ、成長できたのだと思う。

新潟県のＮＳＧグループは２０２２年現在、34の専門学校、３つの大学、さらに大学院、学習塾など教育事業を中心とする地域コングロマリットだ。医療法人や社会福祉法人なども多数運営し、近年では、農業・建設業・飲食業などにも事業を展開。新潟の老舗企業の事業承継にも取り組んでいる。法人の数は１１０を超え、売上は約１２００億円、従業員数は約1万３０００人にのぼる。

拡大の背景には、経営人材の育成への積極的なサポートがある。事業創造を推進し、次世代の経営者を生み出すための仕組みで、大きく分けて次の３つだ。

ひとつ目は、学びのサポート。起業・経営していくために必要な知識の習得を支援するための仕組みがある。そもそもグループ内に起業家・実業家を育成するための専門職大学院があるため、学習支援の体制が整っている。

２つ目は、人脈のサポート。例えば、各界の有識者や経済人がゲストとして講演をする機会を定期的に設け、グループ内外の若手社員の交流の場としている。人脈を広げることはもちろん、地域活性化などを議論することで県内での創業を促進するしかけにもしている。

３つ目は創業・新規事業のサポートである。事業プレゼンの機会を設けるなど、実際に経営へと踏み出すための支援がある。

この3つのサポートによって経営人材を作り上げているNSGグループだが、さらに特徴的なのは、従業員のやりたいことを見出す仕組みである。毎年1回、人材活性状況調査を行ない、従業員たちが自己申告で、現在の職場の改善提案、組織全体に対する提言のほか、自身のポジションや勤務地の要望を出す。これを組織運営・人事ローテーションに反映していくことで、組織として従業員の挑戦を支援している。

こうした仕組みによってグループから輩出した経営者は、135人に及ぶ。

NSGグループはとりわけ経営人材の育成に積極的だが、他にも経営塾を運営している経営者は多い。地域の経営者は、次世代の経営者を育てることへの使命感が総じて強い。

日本を救う活路

地域から全国へ、地域から世界へ

成長を続けることでの影響は当然、地域のみに留まらない。

力を失いかけている地域を救うことは、ひいては全国的な注目を集める可能性も十分にある。地域にいながらにして全国へと影響を及ぼすことも、本格的な全国展開への道を模索することも考えられる。

地域コングロマリットの中には、遠く離れたエリアで展開する地域コングロマリットをM&Aにより吸収した例もある。

北海道のオカモトグループは2023年現在でグループ9社、2023年3月期の売上は1516億円、従業員数は約4300人。ガソリンスタンド、自動車整備、フィットネス、外食、介護など事業は多岐にわたる。M&Aに積極的な同社は2011年、別の地域コングロマリットであるヤマウチグループを子会社化する。ヤマウチグループが拠点とするのは香川県。ヤマウチグループはもともと、オカモトグループが展開していたスポーツクラブの自社フランチャイズ「JOYFIT」の加盟店だった。北海道と香川県、地域コングロマリットと地域コングロマリット。とても稀有な例だが、成長を続ける結果、このような選択肢も出てくるのだ。

そして、もうおわかりだろう。全国展開の次は世界が待っている。

本書の始めに、日本の大幅な人口減少は避けられないことを示した。それは、企業にとってはマーケットの縮小と働き手の減少というリスクにつながるということも。

そこで規模を成長させていかないと企業は生き残ることが難しくなり、そのための有効な手段が地域コングロマリット経営だった。効率的に展開しやすい、地域というマーケットの中でシェアを高めることで、継続的な成長と、従業員の幸せ、地域活性化につながっていく。

しかし、地域の人口には限界があり、しかも減少は続く一方。いずれ成長は鈍化する。

変わらず成長を続けようとするときに、世界を視野に入れるのは当然の話だ。むしろ、そうでないと企業経営は危ういとも考えられる。やはり第１章で、海外企業が日本に進出していることにも触れた。海外企業にとっては相対的に安価で優秀な労働力が獲得できる日本という国は魅力的に映っている。手をこまぬいていれば、どんどん優秀な人材が奪われていくだろう。海外に対してもブランド力・競争力を持ち、逆に海外人材を呼びこむほどの企業力が必要だと言えるだろう。

世界目線の経営者を増やす

著者が日々、経営者たちと話していると、成長している企業ほど、世界目線で物事を考えている。年商１００億円以上ともなると、特にその傾向が強いように思う。

ここで言う世界目線には２つの意味がある。日本と世界の〝入口〟と〝出口〟を意識するということだ。

まず入口とは、世界の情報を日本に取り入れるということだ。海外の展示会に足を運ぶなどして、積極的に情報を得ている企業もある。トレンドを押さえ、自社なりに咀嚼しながら、その利益を地域へと還元する。

次に出口とは、日本から世界に出ていくというもの。平たく言えば、マーケットを広げるということになる。必ずしも「地域から全国、その後で世界」と段階を踏まなくてもいいだろう。「まずは上海に拠点を置いてみよう」といった実験的なものもあり得る。

ここであまり難しく考えないでほしい。「毎年、海外視察を行なう」「海外に工場を作る」というのは計画も必要で手間もかかる。そこで腰が引けても不思議ではない。しかし著者が言いたいのは、それほど大きな話ではない。ただ、**ほんの少し「もしも世界に出たら」「もしも世界から来たら」という目線を持ってほしい**ということだ。それだけで考え方は変わってくるだろう。

例えば、国内にいてインバウンドに向けた戦略を考えるというのも、身近な世界目線のひとつである。「英語が苦手だから」という理由で、せっかく訪れてくれているインバウンドに不親切な商品・サービス設計をしているというのはもったいない。「日本のおもてなしを求めているから来てくれる。だから自分たちは変わる必要がない」という考え方ではリピーターになってくれるとは思えない。世界目線の経営者や企業が増えていくことは、課題にあえぐ日本を救う活路ではないかと著者は考える。

世界を救う企業になる

世界の課題と向き合う

世界にはさまざまな課題がある。

ＳＤＧｓには17の達成目標が掲げられ、世界の多くの企業がこれに取り組んでいる。地域の企業にとっても、無関係ではいられない。貧困やエネルギー問題の解消や、気候変動対策、豊かな自然環境の維持、平和の実現……。これらを願わない企業があるだろうか。逆に消極的な立場から考えても、これらを願わない企業は顧客から賛同を得られるだろうか。世界の課題に取り組まないということはリスクでもある。企業の存続を考えれば、自ずと持続可能な世界の実現にも目を向けることになろう。

社会課題の解決は、一つひとつの企業活動から始まると言っていい。

企業はこれまでも、新しい技術の創出や既存のサービスを進化させることで、私たちの暮らしを豊かにしてきた。反面、高度経済成長期の公害などをはじめ、自然環境の破壊を引き起こした。これは現代にも尾を引く課題だが、次の世代に残していいわけがない。一歩ずつでも解消に向けて動いていくべきである。

企業活動は、ひとつの工夫で与えられるインパクトも大きい。

一例には、農業、畜産業、漁業といった、一次産業の課題を解決することで、食糧危機を防ぐこともできる。サプライチェーンを見直すことでCO_2削減に貢献することもできる。こうした取り組みは社会課題の解決につながることはもちろん、現代では実質的な企業評価にもつながる。そして日本の中小企業の中には、まだまだ他国から求められている技術やサービス、ノウハウを持っている企業が決して少なくないと思う。日本人は特に、自身を過小評価する傾向があるが、謙遜せずにありのままの姿で挑戦することで、喜ばれるケースもあるだろう。成長意欲を持たないまま、日本という一国のみに影響を留めているのでは、もったいない。強い言葉を使えば、怠慢だとすら思う。

企業の影響の波及図

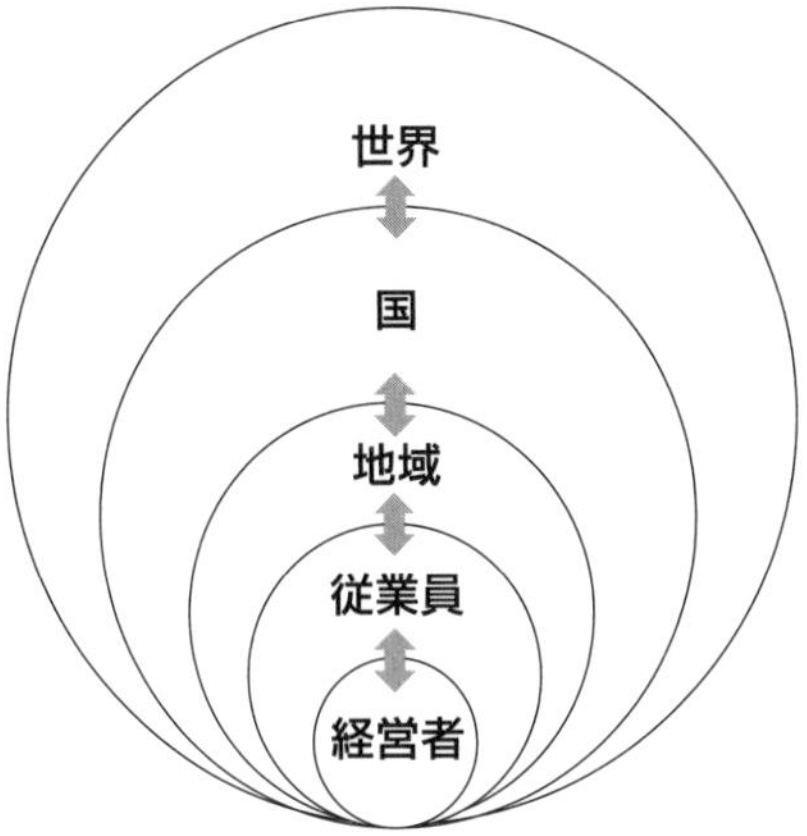

経営者が自分の幸せだけを考えていては、従業員が離れていく。従業員が自社の利益だけを優先していては、地域から疎まれる。逆に少しずつ広い範囲のことを考えていけば、そこから利益が循環し、影響力が広がっていく。地続きにある世界の課題に目を向けていこう。世界の課題と向き合うリーダーが増えることで、少しずつでも幸せな未来が実現できるのではないだろうか。つまり世界を救うことができるのだ。

これは、今この本を読んでいる、あなたの使命でもある。地域コングロマリット経営とは、社会課題解決への第一歩でもある。

今、あなたの足元にあるその地域が、世界とつながっているのだ。

おわりに

２０２３年、船井総合研究所は「地域コングロマリット化セミナー」と題するセミナーを開催した。このセミナーには実に多くの経営者の方々にご参加いただき、キャンセル待ちが出るほど盛況だった。

コングロマリット化について関心を持たれていた方もいれば、時流に沿った個別の新規事業について関心を持たれていた方もいたが、どちらにしても、経営者の方の〝地域コングロマリット〟という新たな経営戦略への期待を強く感じた。

そこで本書では、地域コングロマリットを目指すための経営戦略をつまびらかにすべく、船井総合研究所の複数の分野のコンサルタントたちが、自身の知見を惜しみなく提供することに努めた。船井総合研究所が独自に体系立て、地域の中小企業が陥りがちな課題を解消できる実践的な内容になったと自負している。

地域コングロマリット経営の実践には、経営者や企業の使命感が大きな推進力となる。ミクロでは自社の成長、マクロではその地域を元気にして日本全体の活力を再興させることを軸に考えていくことが大切だろう。

経営者の使命は、会社が厳しくなったときに正しく舵を切ることである。人材難だと感じるときには、地域コングロマリット経営で地域の飲食や観光に関わる事業を整備すれば、それをきっかけに本業に若手人材の風を入れることにもつながっていく。

また、企業の衰退は経営者だけでなく、従業員にとっても小さくない心配の種だ。「この会社はずっとやっていけるのか」「給与は上がっていくのか」。企業自体が未来に成長や新しい局面への戦略を描けないと、働き続けるモチベーションや生産性も見えない形で低下していく。

今後、10年あるいは20年、人生を通じて経営者と従業員がともに何を成し遂げていきたいのか。ビジョンを立ち上げ、可視化していくことで地域コングロマリット経営にも一本の筋が通る。目指すべきビジョンに向けて、走り出してほしい。

本書の執筆にあたっては、同文舘出版の竹並治子氏に多大なるご支援をいただいた。また多くのご支援先企業様、日々の経営者・経営幹部との会話から多くのヒントを得たことが本書の理論の元になっている。ここに感謝を述べたい。

多くの企業の成長が、地域と日本の発展につながることを信じてやまない。

[監修]

株式会社船井総合研究所 代表取締役社長 社長執行役員　真貝大介

専務執行役員　出口恭平

[執筆]

アカウントパートナー室	マネージング・ディレクター　鈴木圭介
事業イノベーション支援部	マネージング・ディレクター　吉田創
	ディレクター　佐野暢彦
	マネージャー　内田洋平
IPO 支援室	マネージング・ディレクター　宮井秀卓
HR 支援部	マネージング・ディレクター　宮花宙希
財務支援部	マネージャー　石田武裕
M&A 支援部	マネージング・ディレクター　光田卓司
価値向上支援本部	副本部長　下田寛之
	副本部長　松井桂

[編集] 事業開発室　チーフエキスパート　吉田伸

[編集協力] 三坂輝

船井総合研究所が発信する地域コングロマリット経営に関する
セミナーや最新レポートはこちら
https://www.funaisoken.co.jp/lp/conglomerate-mgmt

著者略歴

株式会社船井総合研究所

中堅・中小企業を対象に専門コンサルタントを擁する日本最大級の経営コンサルティング会社。業種・テーマ別に「月次支援」「経営研究会」を両輪で実施する独自の支援スタイルを取り、「成長実行支援」「人材開発支援」「企業価値向上支援」「DX（デジタルトランスフォーメーション）支援」を通じて、社会的価値の高いサステナグロースカンパニーを多く創造することをミッションとする。現場に密着し、経営者に寄り添った実践的コンサルティング活動は様々な業種・業界経営者から高い評価を得ている。
https://www.funaisoken.co.jp/

新規事業を立ち上げ第二本業へと育てる
地域コングロマリット経営

2023 年 9 月 6 日　初版発行
2024 年 5 月 30 日　3 刷発行

著　者 ―― 船井総合研究所

発行者 ―― 中島豊彦

発行所 ―― 同文舘出版株式会社

東京都千代田区神田神保町 1-41　〒 101-0051
電話　営業 03（3294）1801　編集 03（3294）1802
振替 00100-8-42935
https://www.dobunkan.co.jp/

ISBN978-4-495-54147-7

印刷／製本：萩原印刷
Printed in Japan 2023